Abitur *Skript*

BWL mit Rechnungswesen

FOS 11/12 · BOS 12

Bayern

Inhalt

Sich im Unternehmen orientieren und betriebliche Zielsetzungen überprüfen

Material beschaffen und Fertigungsverfahren festlegen

Personal (zukunftsgerecht) beschaffen und einsetzen

Mithilfe der Geschäftsbuchführung das Gesamtergebnis einer Unternehmung ermitteln

Mithilfe der Vollkostenrechnung Angebotspreise und das Betriebsergebnis ermitteln

Entscheidungen mithilfe der Teilkostenrechnung vorbereiten und begründet treffen

Marketingprozesse planen und steuern

Jahresabschlussarbeiten durchführen

Finanzierungs- und Investitionsvorgänge analysieren, liquide Mittel beschaffen und Investitionen tätigen

Autor: Tino Zirkenbach

Vorwort

Liebe Schülerinnen und Schüler,

mit dem kompakten Skript im Taschenbuchformat können Sie sich einen **schnellen und strukturierten Überblick** über den Prüfungsstoff im Fach Betriebswirtschaftslehre verschaffen. Das Skript unterstützt Sie bei der Vorbereitung auf Stegreifaufgaben, Schulaufgaben und das Fachabitur, indem es die prüfungsrelevanten Inhalte gezielt anhand von Beispielen wiederholt.

Das Skript enthält die im Lehrplan geforderten **Abschlussbuchungen und vorbereitenden Abschlussbuchungen**. Diese werden in Ihrem **Fachabitur nicht geprüft**, könnten aber theoretisch Bestandteil von schriftlichen und/oder mündlichen Leistungsnachweisen sein.

- Sie finden die **wichtigsten Themen** auf einen Blick – knapp und verständlich zusammengefasst.
- Über das **ausführliche Inhaltsverzeichnis** können Sie Inhalte schnell und gezielt suchen.
- Zusammenhänge werden durch **anschauliche Übersichten und Grafiken** dargestellt.
- Zahlreiche **Beispiele** lassen Sie die Inhalte nachvollziehen.
- **Besonderheiten** sind durch ein ❗-Symbol gekennzeichnet und grau hinterlegt. Wichtiges wird durch **Fettdruck** hervorgehoben.

Viel Erfolg beim Lernen mit diesem Buch!

[Unterschrift]

Tino Zirkenbach

Sich im Unternehmen orientieren und betriebliche Zielsetzungen überprüfen

1 Funktionsbereiche eines Industriebetriebes

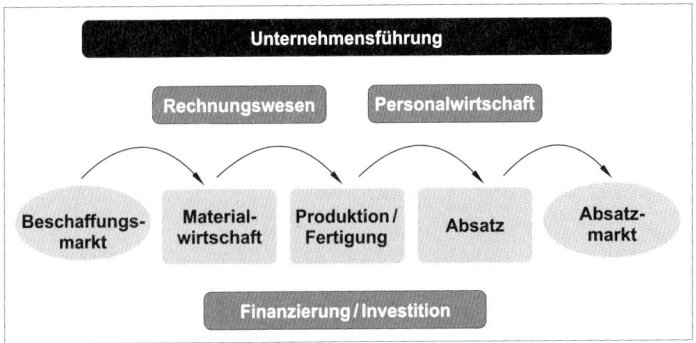

1.1 Wertschöpfende Funktionsbereiche

Materialwirtschaft / Beschaffung

- Die Aufgabe der *Materialwirtschaft* ist die Bereitstellung der für den Produktionsprozess benötigten Materialien (Roh-, Hilfs- und Betriebsstoffe, Fremdbauteile) in der erforderlichen **Qualität** und **Menge** zum richtigen **Zeitpunkt** am richtigen **Ort** zu geringen **Kosten**.

- Dieser Bereich umfasst auch die **Logistik**.

Produktion/Fertigung

- Durch das Zusammenwirken der **Produktionsfaktoren** kommt es im Bereich der *Fertigung* zur Leistungserstellung:

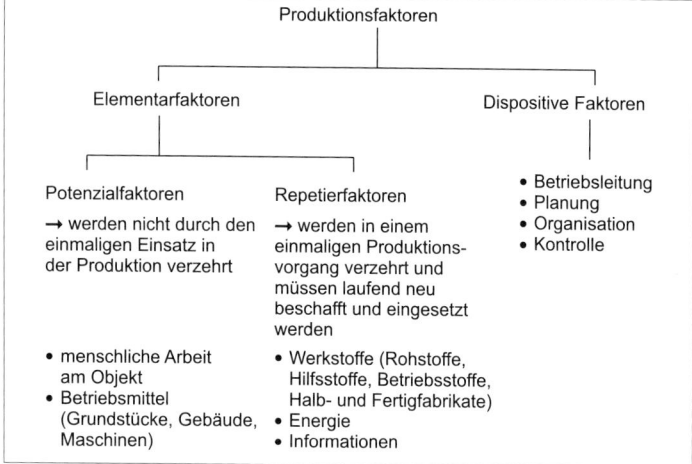

Absatz

- Die grundlegende Aufgabe des Bereichs *Absatz* ist es, sicherzustellen, dass die produzierten Güter auf dem Markt **angeboten** werden.

- In den letzten Jahrzehnten kam es durch die wachsende Konkurrenz auf den Weltmärkten zu einer **deutlichen Bedeutungszunahme**.

1.2 Unterstützende Funktionsbereiche

Personalwirtschaft

- Der Bereich *Personalwirtschaft* umfasst die Suche, Einstellung, Entlassung und Eingliederung von Personal.

- Weitere Aufgaben sind die rechtliche und verwaltungstechnische Klärung von **Personalfragen** sowie soziale Angelegenheiten.

Finanzwirtschaft

- Der Bereich *Finanzen* umfasst die Versorgung des Unternehmens mit **Eigen- und/oder Fremdkapital:** z. B. Suche und Aufnahme von Gesellschaftern, Ausgabe von Aktien, Kreditaufnahme bei Banken, Lieferanten und anderen Kapitalgebern zu guten Konditionen.
- Ziel ist die Sicherstellung der Zahlungsfähigkeit **(Liquidität).**

Rechnungswesen

- **Geschäftsbuchführung:** zahlenmäßige Aufzeichnung des gesamten Unternehmensgeschehens, Jahresabschluss (Bilanz und Gewinn- und Verlustrechnung) → **v. a. externe Adressaten**
- **Kostenrechnung:** Kontrolle der Wirtschaftlichkeit der eigentlichen Leistungserstellung, Preiskalkulation, Ermittlung und Einordnung aller Kosten, Gegenüberstellung von Kosten und Leistungen → **v. a. interne Adressaten**

1.3 Unternehmensführung

- Die Aufgaben der Unternehmensführung umfassen unter anderem **Planung, Leitung, Koordination** und **Kontrolle.**
- Dieser Bereich legt Unternehmensziele fest und bestimmt die **Geschäftspolitik.**
- Die **Überwachung** davon, ob Pläne wirklich realisiert werden, hat einen hohen Stellenwert. → Zielerreichung

2 Ziele eines Unternehmens

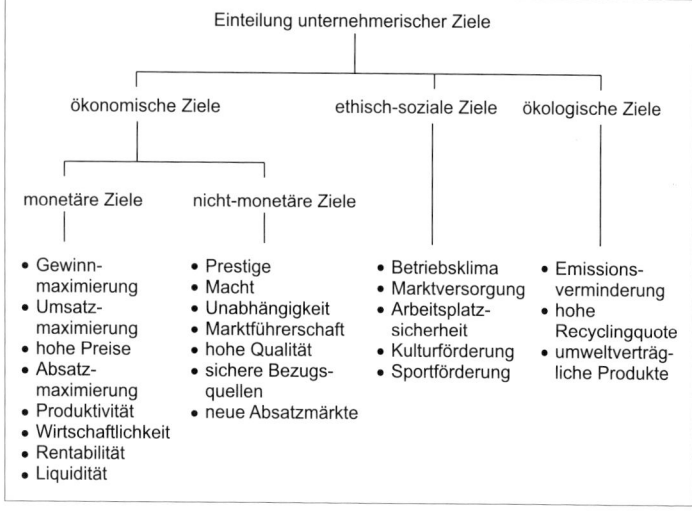

2.1 Operationalisierung von Zielen

- Bei der Zielsetzung müssen **Zielinhalt**, **Zielausmaß** und **Zeitbezug** festgelegt werden (Was? Wie viel? Wann?).

- Um sinnvolle Schlüsse ziehen zu können, sind **Überprüfbarkeit**, **Vergleichbarkeit** und **Messbarkeit** der Ziele wichtig.

Beispiel

Operationalisierung von Unternehmenszielen:

| Zielinhalt | Zeitbezug | Zielausmaß |

„Steigerung des Konzernumsatzes im Jahr 2018 auf 10 Mio. €"

(monetär)

| Zielinhalt | Zielausmaß |

„Reduktion der CO_2-Emissionen bezogen auf den Umsatz um 20 %

bis 2020 gegenüber dem Durchschnitt der Jahre 2006 bis 2010"
Zeitbezug   Zielausmaß

(nicht-monetär)

2.2 Betriebswirtschaftliche Kennzahlen

- Mit Kennzahlen können Ziele **überprüft** werden.
- Möglich sind beispielsweise **Vergleiche** zum Vorjahr oder mit anderen Unternehmen.

Formeln zur Rentabilität:

→ **Verzinsung** des eingesetzten Kapitals
→ beurteilt die Ertragskraft des Unternehmens

$$\textbf{Eigenkapital-rentabilität} = \frac{\text{Jahresüberschuss}}{\text{Eigenkapital (AB)}} \cdot 100$$

$$\textbf{Gesamtkapital-rentabilität} = \frac{\text{Jahresüberschuss + Fremdkapitalzinsen}}{\text{Eigenkapital (AB) + Fremdkapital (AB)}} \cdot 100$$

$$\textbf{Umsatz-rentabilität} = \frac{\text{Jahresüberschuss}}{\text{Umsatzerlöse}} \cdot 100$$

Formeln zur Wirtschaftlichkeit:

→ wertmäßige Ergiebigkeit (Einsatz ↔ Ergebnis), basierend auf dem **ökonomischen Prinzip**

Wirtschaft-lichkeit	$= \dfrac{\text{Erträge}}{\text{Aufwendungen}}$ oder $\dfrac{\text{Leistungen}}{\text{Kosten}}$
	> 1 → positiv zu bewerten
	< 1 → negativ zu bewerten

Formeln zur Produktivität:

→ technische/mengenmäßige Ergiebigkeit

Produktivität	$= \dfrac{\text{Output}}{\text{Input}}$
Arbeits-produktivität	$= \dfrac{\text{Ausbringungsmenge}}{\text{Arbeitsstunden}}$
Maschinen-produktivität	$= \dfrac{\text{Ausbringungsmenge}}{\text{Maschinenstunden}}$
Rohstoff-produktivität	$= \dfrac{\text{Ausbringungsmenge}}{\text{Rohstoffeinsatz}}$

Probleme

- Unter Umständen ist die **Vergleichbarkeit** von Kennzahlen nicht gegeben, falls z. B. die Berechnungsgrundlagen in verschiedenen Unternehmen nicht identisch waren.

- Aus den Veränderungen oder Vergleichen von Kennzahlen können manchmal **keine direkten Informationen** über die Ursachen gewonnen werden.

Ein Zulieferer der fruit AG weist folgende (vereinfachte) Daten auf:

Ausgewählte Daten aus der Bilanz und GuV	2018	2017
Jahresüberschuss	450.000,00 €	400.000,00 €
Eigenkapital	4.000.000,00 €	4.000.000,00 €
Fremdkapitel (Zinssatz: 2 %)	6.000.000,00 €	6.000.000,00 €
Erträge (= Umsatzerlöse)	2.100.000,00 €	2.000.000,00 €
Aufwendungen	1.650.000,00 €	1.600.000,00 €
Geleistete Arbeitsstunden	13.650 h	14.100 h
Produzierte Stückzahlen	4.100	4.000

	2018	2017
Gesamtkapitalrentabilität	5,70 %	5,20 %
Umsatzrentabilität	21,43 %	20,00 %
Wirtschaftlichkeit	1,27	1,25
Arbeitsproduktivität	0,30 Stk./h	0,28 Stk./h

2.3 Zielbeziehungen

neutral/indifferent	konkurrierend	komplementär
= Ziele ohne Zusammenhang	= sich gegenseitig ausschließende oder konkurrierende Ziele	= sich gegenseitig ergänzende Ziele
z. B. „Erhöhung des Anteils an Frauen in Führungspositionen" und „Reduktion des Unfallaufkommens"	z. B. „Steigerung der Motivation der Mitarbeiter" und „Kostensenkung durch Entlassungen"	z. B. „Kostensenkung" und „Gewinnsteigerung"

Beispiel

Auszug aus dem Unternehmensprofil von ThyssenKrupp

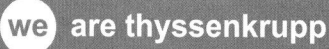

we **are thyssenkrupp**

Wir sind thyssenkrupp.

Kompetenz und Vielfalt, globale Vernetzung sowie Tradition sind Grundlagen unserer Leistungsfähigkeit und machen uns führend in unseren Märkten. Wir schaffen Mehrwert für Kunden, Mitarbeiter und Eigentümer.

Wir lösen gemeinsam mit unseren Kunden die Herausforderungen der Zukunft.

Die Anforderungen der Kunden bestimmen unser Denken und Handeln. Wir gehen neue Wege und entwickeln innovative Produkte und Dienstleistungen für nachhaltige Infrastruktur und Ressourceneffizienz.

Wir alle stellen uns höchsten Ansprüchen.

Wir agieren unternehmerisch, mit Zuversicht, mutig und leistungsorientiert – mit dem Ziel, die Besten zu sein. Engagement und Können jedes Einzelnen sind dafür die Basis.
Die Entwicklung der Mitarbeiter ist uns besonders wichtig. Gesundheit und Sicherheit am Arbeitsplatz haben höchste Priorität.

Wir leben gemeinsame Werte.

Wir handeln im Gesamtinteresse des Konzerns. Offenheit und gegenseitige Wertschätzung prägen unser Miteinander. Wir bauen auf starke Werte: Zuverlässigkeit und Ehrlichkeit, Glaubwürdigkeit und Integrität. Compliance ist für uns selbstverständlich. Wir übernehmen Verantwortung für die Gesellschaft.

Quelle: Code of Conduct, Thyssen Krupp AG (2014), https://karriere.thyssenkrupp.com/fileadmin/user_upload/thyssenkrupp_code_of_co nduct_de.pdf

Einteilung der Ziele (bezogen auf das Beispiel)

ökonomisch-monetär	ökonomisch-nicht-monetär	sozial/ethisch	ökologisch
	• innovative Produkte und Dienstleistungen • Ressourceneffizienz • Ausbau einer nachhaltigen Infrastruktur • Marktführerschaft	• Gesundheit der Mitarbeiter • Sicherheit am Arbeitsplatz • Wertschätzung	

Zielbeziehungen (bezogen auf das Beispiel)

komplementär	neutral	konkurrierend
Sicherheit am Arbeitsplatz und Gesundheit der Mitarbeiter	Marktführerschaft und Sicherheit am Arbeitsplatz	

Material beschaffen und Fertigungsverfahren festlegen

Aufgabe: Bereitstellung aller benötigten Materialien für die Produktion unter Berücksichtigung des Produktionsprogramms
- in der benötigten Art
- der gewünschten Qualität
- zur richtigen Zeit
- am richtigen Ort und
- in der benötigten Menge

→ **Ziel:** **Minimierung aller Kosten**
(Beschaffungskosten + Lagerhaltungskosten)

1 Materialbedarfsplanung

- Welche Materialien werden für die Produktion benötigt?
  → **Bedarfsarten**
- Wie sollen die Materialien beschafft werden?
  → **Bereitstellungsprinzipien**
- In welcher Menge müssen die Materialien beschafft werden?
  → **optimale Bestellmenge**

1.1 Bedarfsarten

Primär- bedarf	Sekundär- bedarf	Tertiär- bedarf	Zusatz- bedarf
Bedarf an verkaufsfähigen Gütern	Bedarf an Roh-stoffen, Einzel-teilen und Bau-gruppen (Kom-ponenten), die zur Herstellung des Primärbe-darfs notwendig sind	Bedarf an Hilfs- und Betriebsstoffen, die zur Her-stellung des Primär- und Sekundärbe-darfs notwen-dig sind	Bedarf an zusätzlichen Rohstoffen, Einzelteilen und Bau-gruppen auf-grund von Ausschuss
Beispiele			
1-Liter-Flasche Apfelsaft	Äpfel Birnen	Aromen Gelatine	

1.2 Bereitstellungsprinzipien

	Just-in-time-Beschaffung (bedarfsorientiert)	Bestellpunktverfahren (verbrauchsorientiert)
Bestellmenge	variabel	fest
Bestelltermin	variabel	variabel
Welche Materialien werden wie bestellt?	i. d. R. Güter des Sekundärbedarfs, A-Güter (vgl. S. 13)	i. d. R. Güter des Tertiärbedarfs, C-Güter (vgl. S. 13)

Just-in-time-Beschaffung

- Die Materialien werden **erst angeliefert, wenn** sie im Produktions-prozess **benötigt** werden.
- Die **Lagerkosten** werden oftmals nur **verschoben**, und zwar zum Zulieferbetrieb, der die Materialpreise erhöht, um seine Lagerkosten zu decken.

Voraussetzungen	Chancen
• Ausgewählte Zulieferer • Kontinuierlicher Verbrauch • Prozessbegleitende Qualitätssicherung • Flexible Kapazitätsgrenzen • Kurze Rüstzeiten • Genug Bereitstellflächen • Hohe Verfügbarkeit der Produktionsmittel	• Minimale Durchlaufzeiten • Keine überflüssigen Lagerbestände • Kostenersparnisse • Verbesserung des Qualitätsmanagements
Risiken für Auftraggeber	**Risiken für Lieferanten**
• Abhängigkeit (Lieferausfall) • Krisenanfälligkeit (Produktionsausfall) • Keine Abnehmer-Qualitätskontrolle (Nachbesserung) • Informationsaustausch (Betriebsgeheimnisse)	• Abhängigkeit (hohe Flexibilität gefordert) • Konventionalstrafen (Nichteinhaltung) • Kosten (Qualitätskontrolle) • Krisenanfälligkeit (Spezialisierung) • Ansiedlung (Nähe des Großabnehmers) • Lager (Lagerkosten)

Bestellpunktverfahren

- Mindestbestand = Bestand, der zu jeder Zeit mindestens im Lager ist (= Sicherheitsbestand)
- Meldebestand = Bestand, ab dessen Unterschreitung eine Bestellung ausgelöst wird → veranlasst die Bestellung
- Höchstbestand = maximaler Bestand, der erreicht wird

Formeln:

Mindestbestand	= Ø-Tagesverbrauch · Sicherheitszuschlag in Tagen
Meldebestand	= Ø-Tagesverbrauch · Beschaffungszeit + Mindestbestand
Höchstbestand	= Mindestbestand + optimale Bestellmenge

Beispiel

Für die Herstellung von 1.000 l Apfelsaft werden täglich im Durchschnitt 20.000 Äpfel verbraucht. Die optimale Bestellmenge ist 320.000 Äpfel, die Beschaffungszeit 4 Tage. Der Mindestbestand soll 8 Tage überbrücken können.

Mindestbestand = 20.000 Stk./Tag · 8 Tage = 160.000 Stk.

Meldebestand = (20.000 Stk./Tag · 4 Tage) + 160.000 Stk.
= 240.000 Stk.

Höchstbestand = 160.000 Stk. + 320.000 Stk. = 480.000 Stk.

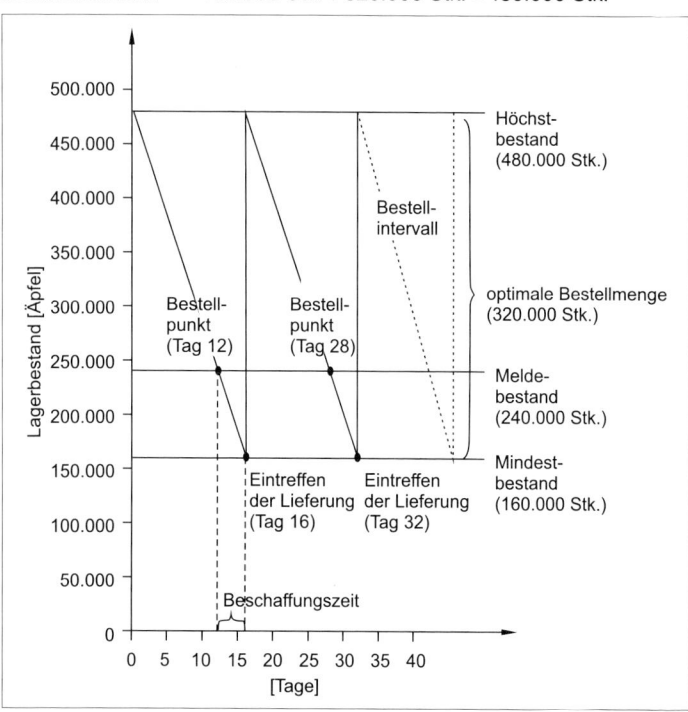

ABC-Analyse

- **Ziel** ist die Auswahl eines geeigneten Beschaffungsprinzips.

- Es erfolgt eine Einteilung der Materialien in **A, B und C-Güter**.

- Es gibt **Grenzwerte**, die allerdings nur als **Tendenzen** zu interpretieren sind; in der Praxis können sich begründete Abweichungen ergeben. (vgl. Beispiel S. 14, M 2 passt mengenmäßig nicht ins Schema: Orientierung am Verbrauchswert)

- Die Einteilung der A-, B- und C-Güter kann anhand einer **Tabelle** oder mithilfe einer **Grafik** erfolgen.

Grenzwerte der ABC-Analyse

Material-art	Wertmäßiger Anteil am Gesamt-verbrauch (kum.)	Mengenmäßiger Anteil am Gesamt-verbrauch (kum.)	Beschaffungs-prinzip
A-Güter	bis ca. 80 %	bis ca. 20 %	Just-in-time
B-Güter	bis ca. 95 %	bis ca. 50 %	Einzelfall-entscheidung
C-Güter	bis ca. 100 %	bis ca. 100 %	Bestellpunkt-verfahren oder Schätzungen

Beispiel

1. Tabellarische Ermittlung

Annahme: Verbrauchsmenge in Stk. und Wert/Stk. in € sind gegeben.

Material	Verbrauchs-menge [Stk.]	Wert/Stk. [€]	Verbrauchswert gesamt [€]	Rang
M 1	2.100.000,00	0,10	210.000,00	3
M 2	1.800.000,00	0,15	270.000,00	2
M 3	4.000.000,00	0,10	400.000,00	1
M 4	3.100.000,00	0,05	155.000,00	4
M 5	750.000,00	0,04	30.000,00	5
∑	11.750.000,00	–	1.065.000,00	–

z. B. M 1:

Verbrauchswert gesamt [€] = Verbrauchsmenge · Wert/Stk.
= 2.100.000 Stk. · 0,10 €/Stk. = 210.000 €

Material	Ver-brauchs-wert [%]	Summe [% kum.]	Verbrauchs-menge [%]	Summe [% kum.]	ABC
M 3	37,56	37,56	34,04	34,04	**A**
M 2	25,35	62,91	15,32	49,36	**A**
M 1	19,72	82,63	17,87	67,23	**B**
M 4	14,55	97,18	26,38	93,61	**C**
M 5	2,82	100,00	6,38	100,00	**C**

z. B. M 2:

$$\text{Verbrauchswert Material [\%]} = \frac{\text{Verbrauchswert Material [€]}}{\text{Verbrauchswert gesamt [€]}} \cdot 100$$

$$= \frac{270.000 \text{ €}}{1.065.000 \text{ €}} \cdot 100 = \mathbf{25,35 \%}$$

Fazit:

M 3 und M 2: A-Güter   →   Just-in-time-Beschaffung
M 4 und M 5: C-Güter   →   Bestellpunktverfahren
M 1: B-Gut   →   Einzelfallentscheidung

2. Grafische Darstellung

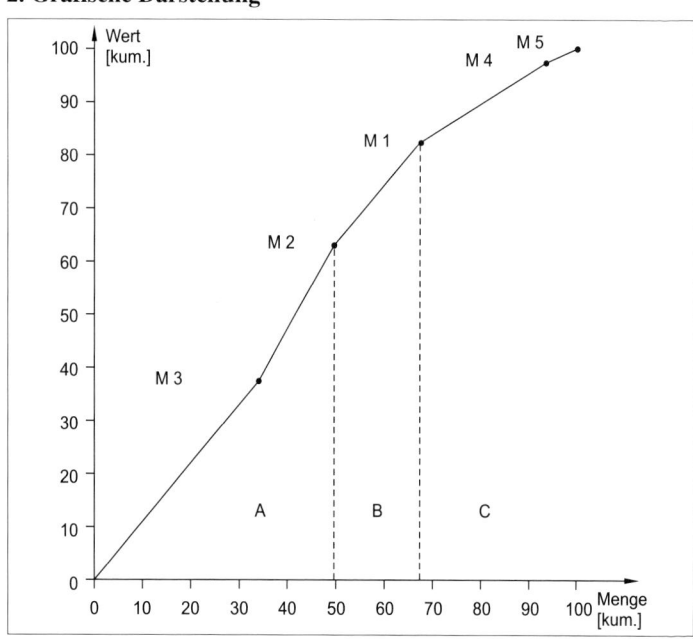

1.3 Optimale Bestellmenge

- Die optimale Bestellmenge liegt vor, wenn die **Gesamtkosten am geringsten** sind (Bestellkosten + Lagerhaltungskosten).
- Die Darstellung der optimalen Bestellmenge kann mit einer **Tabelle**, anhand einer **Formel** oder **grafisch** erfolgen.

1. Tabellarische Ermittlung

Beispiel

Jahresverbrauch an Trauben: 3.600 kg; Preis pro kg: 5,00 €; fixe Bestellkosten: 15,00 €/Bestellung, LHKS: 6 %, kein Mindestbestand

Anzahl der Bestellungen	Bestellmenge [kg]	Bestellkosten insg. [€]	Lagerhaltungskosten [€]	Gesamtkosten [€]
10	360	150,00	54,00	204,00
9	400	135,00	60,00	195,00
8	450	120,00	67,50	187,50
7	515	105,00	77,25	182,25
6	600	90,00	90,00	180,00
5	720	75,00	108,00	183,00
4	900	60,00	135,00	195,00
3	1.200	45,00	180,00	225,00
2	1.800	30,00	270,00	300,00
1	3.600	15,00	540,00	555,00

Formeln:

Anzahl der Bestellungen	$= \dfrac{\text{Jahresbedarf}}{\text{Bestellmenge}}$
Bestellkosten	= fixe Bestellkosten · Anzahl der Bestellungen → fixe Bestellkosten fallen pro Bestellung an; unabhängig von der Bestellmenge
Lagerhaltungskosten	= Lagerkosten + Zinskosten *oder* = Ø gebundenes Kapital · LHKS

Lagerkosten	$= \varnothing$ gebundenes Kapital $\cdot$ Lagerkostensatz → z. B. Raum-, Betriebs- und Versicherungs- kosten
Ø gebundenes Kapital	$= \left(\dfrac{\text{Bestellm.}}{2} + \text{Sicherheitsbest.} \right) \cdot \text{Einstandspreis}$
Zinskosten	$= \varnothing$ gebundenes Kapital $\cdot$ Zinssatz → entgangener Zins für das im Lager gebundene Kapital
Lagerhaltungs-kostensatz (LHKS)	$= \text{Zinssatz} + \text{Lagerkostensatz}$
Ø-Lagerbestand	$= \dfrac{\text{Jahresanfangsbestand} + \text{Jahresendbestand}}{2}$ *oder* $= \dfrac{\text{Bestellmenge}}{2} + \text{Sichheitsbestand}$

2. Rechnerische Ermittlung

Formel:

$$m_{opt} = \sqrt{2 \cdot \frac{\text{Jahresverbrauch} \cdot \text{fixe Bestellkosten pro Bestellung}}{\text{Einstandspreis} \cdot \text{LHKS}}}$$

Beispiel

$$m_{opt} = \sqrt{2 \cdot \frac{3.600 \text{ kg} \cdot 15,00 \text{ €}}{5,00 \text{ €/kg} \cdot 0,06}} = \mathbf{600 \, kg}$$

3. Grafische Darstellung

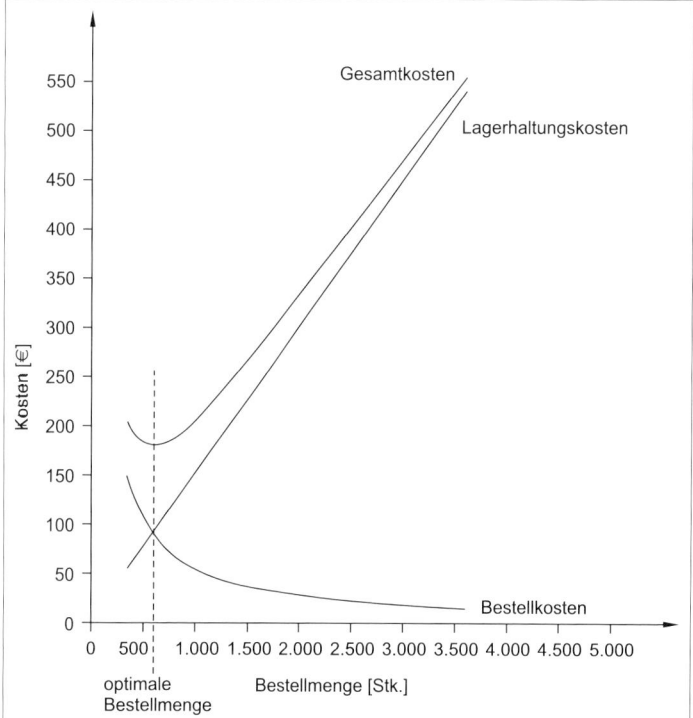

1.4 Aufgaben der Lagerhaltung

Lager haben verschiedene Funktionen, die sowohl die **Qualität** des Produkts (Umformungsfunktion z. B. bei der Lagerung von Wein) als auch **finanzielle Aspekte** (z. B. Mengenrabatte) betreffen.

Ausgleichsfunktion (Pufferung)	Sicherungsfunktion
• Ausgleich von Unregelmäßigkeiten zwischen Beschaffung, Produktion und Absatz (z. B. zusätzliche Nachfrage)	• Vermeidung von Störungen bei der Produktion durch Lieferverzögerungen
Spekulationsfunktion / Ausnutzen von Erlös- und Kostenvorteilen	**Umformungsfunktion**
• Aufbau des Lagers bei erwarteten Preissteigerungen auf dem Beschaffungs- oder Absatzmarkt • Großeinkäufe zu günstigen Preisen (Mengenrabatt) • Schwankende Marktpreise	• Qualitätsverbesserung

1.5 Beschaffungsmarktanalyse und Lieferantenauswahl

Aufgabe: Bewertung und Auswahl eines geeigneten Lieferanten

Bewertungskriterien	
Qualitativ	**Quantitativ**
• Zuverlässigkeit • Qualität der Produkte • Service • Beratung • Standortnähe • Umweltschutz	• Preis • Lieferbedingungen • Zahlungsbedingungen • Sonderangebote • Rabatte

Beispiel

Für den Kauf von 600 kg Äpfeln liegen der fruit AG zwei Angebote vor:

redApple	greenApple
• LEP: 4,55 €/kg netto	• LEP: 4,19 €/kg netto
• Lieferung kostenfrei	• 5 % Rabatt
• 2 % Skonto bei Zahlung innerhalb von 10 Tagen	• Transportkosten: 250,00 € netto
• Qualitätsprogramm zum Thema „maximale Termintreue"	• im Normalfall pünktliche Lieferung
• 50 % nachhaltiger Anbau	• 50 % nachhaltiger Anbau

Quantitativer Vergleich (Bezugskalkulation, Preisvergleich)

	redApple	greenApple
LEP	2.730,00 €	2514,00 €
− Rabatt	0,00 €	125,70 €
= ZEP	2.730,00 €	2.388,30 €
− Skonto	54,60 €	0,00 €
= BEP	2.675,40 €	2.388,30 €
+ Bezugskosten	0,00 €	250,00 €
= Einstandspreis	2.675,40 €	2.638,30 €

→ greenApple ist günstiger

Gesamtbewertung (Scoring-Modell, Entscheidungsmatrix)

		redApple		greenApple	
Kriterium	Gewich-tung	Punkt-zahl	Punkt-wert	Punkt-zahl	Punkt-wert
Einstandspreis	4	4	16	5	20
Nachhaltigkeit	3	4	12	4	12
Termintreue	4	5	20	3	12
Σ Punktwert			48		44

→ redApple erreicht insgesamt mehr Punkte!

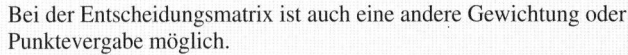

Bei der Entscheidungsmatrix ist auch eine andere Gewichtung oder Punktevergabe möglich.

2 Produktionsprogramm

- Im Rahmen des Produktionsprogrammes wird festgelegt, wie viele Stufen der Fertigung im eigenen Unternehmen stattfinden **(Fertigungstiefe)** und wie hoch die Anzahl der Produktarten ist **(Programmbreite)**.

- Außerdem kann die Fertigung auf unterschiedliche Arten **organisiert** sein (z. B. Fließfertigung) und es stehen verschiedene **Fertigungstypen** zur Wahl, die nach der Anzahl gleichartiger Produkte (z. B. Massenfertigung) eingeteilt werden.

2.1 Fertigungstiefe

- Die Fertigungstiefe gibt die **Anzahl der Fertigungsstufen** an, die ein Erzeugnis innerhalb des Unternehmens durchläuft.

- Wenn ein Erzeugnis viele Bearbeitungsstufen **intern** durchläuft, hat das Unternehmen eine **umfassendere Kontrolle** (Termine, Erhaltung von Know-how) und gegebenenfalls (ab einer bestimmten Menge) können **Kosten eingespart** werden.

- Werden viele Stufen **extern** bearbeitet, **sinkt** im Normalfall das **Risiko** (z. B. Leerkosten, weniger Kapitalbedarf); zudem können **Spezialisierungsvorteile** von externen Firmen genutzt werden.

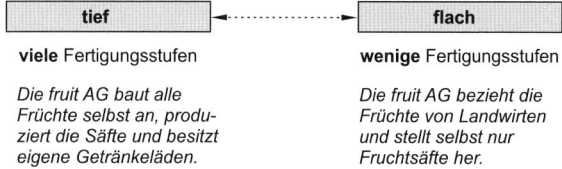

tief	◄┄┄┄┄►	flach

viele Fertigungsstufen   **wenige** Fertigungsstufen

Die fruit AG baut alle Früchte selbst an, produziert die Säfte und besitzt eigene Getränkeläden.

Die fruit AG bezieht die Früchte von Landwirten und stellt selbst nur Fruchtsäfte her.

2.2 Programmbreite und Programmtiefe

- Die **Programmbreite** gibt an, wie viele **unterschiedliche Produktarten** in einem Unternehmen gefertigt werden.

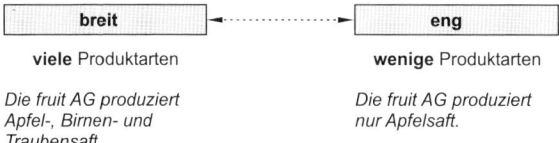

breit	eng
viele Produktarten	**wenige** Produktarten

Die fruit AG produziert Apfel-, Birnen- und Traubensaft.

Die fruit AG produziert nur Apfelsaft.

- Die **Programmtiefe** gibt an, wie viele **unterschiedliche Produktvarianten** innerhalb einer Produktart vorliegen:

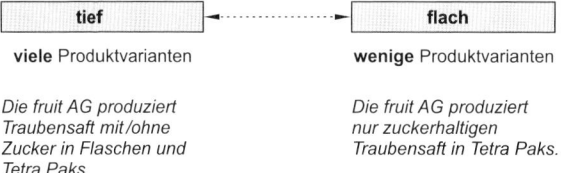

tief	flach
viele Produktvarianten	**wenige** Produktvarianten

Die fruit AG produziert Traubensaft mit /ohne Zucker in Flaschen und Tetra Paks.

Die fruit AG produziert nur zuckerhaltigen Traubensaft in Tetra Paks.

- Wenn ein Unternehmen sehr **breit/tief aufgestellt** ist (viele Produktarten bzw. viele Produktvarianten), kann das den **Vorteil der Risikominimierung** haben.

- Ein Vorteil von **wenigen Produktarten** und **Produktvarianten** kann eine **Kostenminimierung**, z. B. durch seltene Umrüstmaßnahmen, sein.

2.3 Fertigungsorganisation

- Bei der Fertigungsorganisation wird unterschieden, ob Betriebsmittel mit gleichartigen Funktionen an einem Ort zusammengefasst werden (= **Verrichtungsprinzip**; z. B. Dreherei, Stanzerei) oder ob die Betriebsmittel nach der Reihenfolge der Arbeitsgänge angeordnet werden (= **Objektprinzip**).

- Beides hat Vor- und Nachteile, z. B.
  - **Vorteile Verrichtungsprinzip:** leichtere Umstellung auf andere Produkte, höhere Arbeitszufriedenheit

– **Vorteile Objektprinzip:** niedrige Transportzeiten, keine Warte-
zeiten, genau planbare Liefertermine
– **Nachteile Verrichtungsprinzip:** Transportwege von Werkstatt
zu Werkstatt, Kosten für Zwischenlagerung
– **Nachteile Objektprinzip:** Monotonie der Arbeit, schwerere Umstellung auf andere Produkte

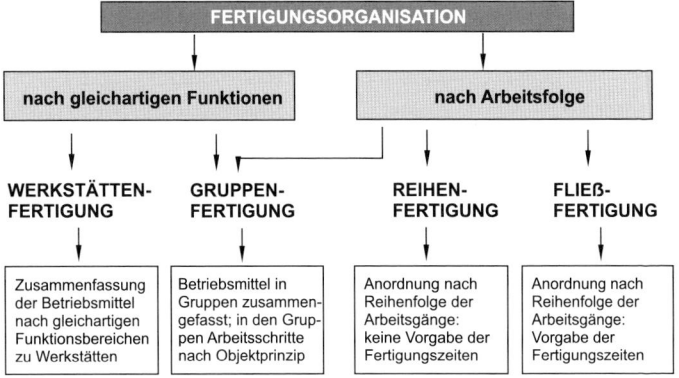

2.4 Fertigungstypen

• Bei den Fertigungstypen wird zwischen **Einzelfertigung** (einmalige
Herstellung eines Produkts) und **Mehrfachfertigung** unterschieden.

• Der große Vorteil der Einzelfertigung ist die Möglichkeit, **individuelle Kundenwünsche** zu erfüllen; die Mehrfachfertigung führt im
Allgemeinen zu **geringeren Stückkosten**.

- Innerhalb der Mehrfachfertigung gibt es eine weitere Unterteilung:

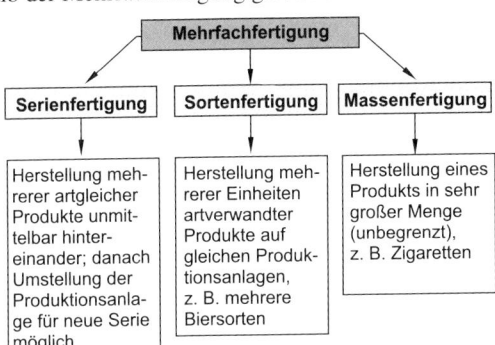

2.5 Normung und Typung

Normung = Vereinheitlichung z. B. von Größen, Formen, Farben und Abmessungen eines **Zwischenprodukts oder Bauteils**

Typung = Vereinheitlichung z. B. von Art, Größe, Ausstattung und Funktionsumfang bei **Endprodukten**

Vorteile
- Konstruktions- und Fertigungskosten sinken
- Produktivität steigt (Tendenz zur Massenfertigung)
- Materialkosten werden eingespart (weniger Ausschuss, Einkaufsrabatte)
- Geschäftsbeziehungen zwischen Lieferanten und Kunde werden vereinfacht (Kundendienst, standardisierte Werkzeuge)
- Qualitätsstandards werden eingehalten

Nachteile
- evtl. werden Innovationen gehemmt
- evtl. wird Wettbewerb eingeschränkt

Beispiele

- DIN EN ISO 9100 (Glasbehälter – Vakuum-Nockenverschluss-Mündung)
- DIN EN 29008 (Flaschen aus Glas; Achsabweichung; Prüfverfahren)

2.6 Mass Customization

- Das Konzept basiert auf dem Prinzip der **Modularisierung** (Baukastenprinzip).

- Es werden **individuelle Kundenwünsche** berücksichtigt.

- Bau-/Einzelteile werden in Massenfertigung produziert (Economies of Scale, Fixkostendegressionseffekte).

Beispiel

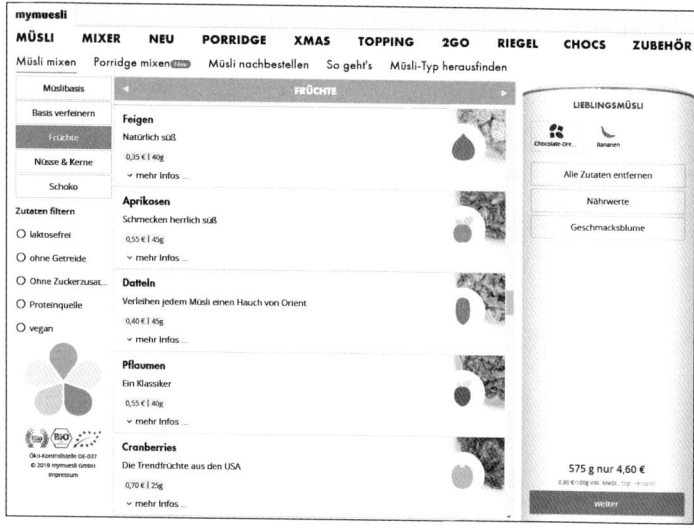

Quelle: © mymuesli

3 Abstimmung zwischen Produktions- und Absatzmenge

3.1 Synchronisation

- Bei dieser Produktionslösung verlaufen Fertigungs- und Absatzmenge **synchron**.
- Sie funktioniert am besten bei Märkten mit geringen Absatzschwankungen (lebensnotwendige Güter) und in der Dienstleistungsbranche (geringer Fixkostenanteil).

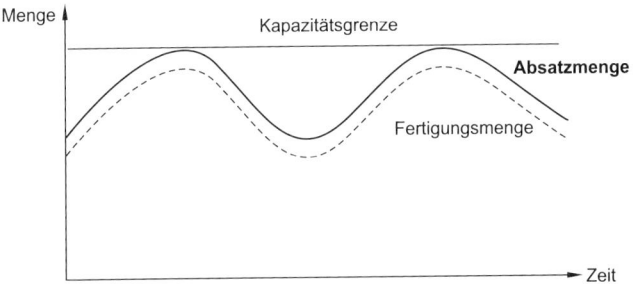

Vorteil	Nachteile
• geringere Lagerkosten	• keine konstante Kapazitätsauslastung: hohe Leerkosten
	• Absatzspitzen können zum Problem werden

3.2 Emanzipation

- Bei dieser Produktionslösung bleibt die **Fertigungsmenge** bei schwankender Absatzmenge **konstant**.
- Sie ist besonders in Unternehmen mit sehr hohem Fixkostenanteil sinnvoll.

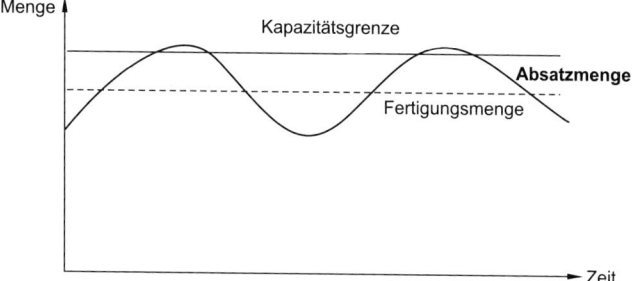

Vorteile	Nachteil
• gleichmäßige Kapazitätsauslastung (niedrige Leerkosten) • hohe Liefersicherheit durch Lagerhaltung	• hohe Lagerbestände (Kosten)

3.3 Eskalation

- Bei dieser Produktionslösung handelt es sich um eine **Kombination aus Synchronisation und Emanzipation**.

- Es kommt zu einer stufenweisen Anpassung der Fertigungsmenge.

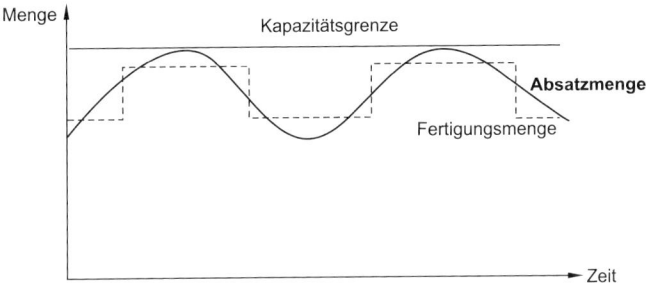

Vorteile	Nachteile
• relativ geringe Lagerkosten • relativ geringe Leerkosten	• Kostenremanenz (Kosten sinken nicht immer sofort nach Senkung der Fertigungsmenge) • Anpassung der Kapazität oftmals nicht problemlos möglich

3.4 Ergänzung

- Bei dieser Produktionslösung **schwankt die Fertigungsmenge einzelner Produkte.**
- Die **Fertigungsmenge in Summe** bleibt **konstant.**
- Sie ist v. a. bei Unternehmen sinnvoll, die Saisonartikel produzieren.

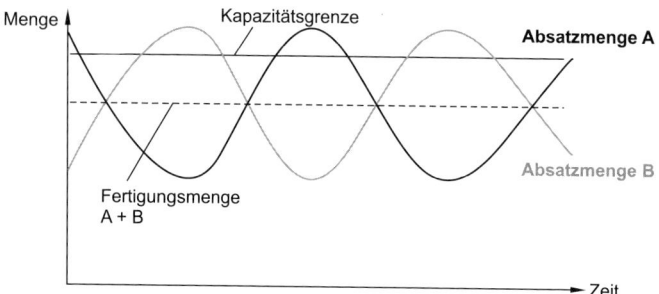

Vorteile	Nachteile
• Kapazitätsauslastung kann konstant gehalten werden • relativ geringe Leerkosten • hohe Lieferbereitschaft durch Lagerhaltung	• Lagerhaltung nötig (Kosten) • Umrüstung der Produktionsanlagen gegebenenfalls nicht möglich

Personal (zukunftsgerecht) beschaffen und einsetzen

Aufgabe: Kurz- bis langfristige Planung des Personalbedarfs und Personaleinsatzes

→ **Ziele:** Sicherung der Arbeitsfähigkeit und Motivation, Akquirieren und Halten von geeigneten Mitarbeitern, vertretbare Kosten, Gestaltung und Verbesserung des Arbeitsklimas, Identifikation mit dem Unternehmen

1 Personalplanung

1.1 Personalbeschaffung

- Um ein Unternehmen erfolgreich zu führen, werden passende Mitarbeiter benötigt. Die zu finden, ist nicht selten eine Herausforderung.
- Generell kann die Personalbeschaffung **intern** oder **extern** erfolgen.

Interne Beschaffung	Externe Beschaffung
→ Suche nach einem passenden Mitarbeiter innerhalb des Unternehmens durch	→ Suche nach einem passenden Mitarbeiter außerhalb des Unternehmens durch
• Verlängerung der vertraglichen Arbeitszeit	• Stellenanzeigen in Zeitungen und Zeitschriften
• Beförderungen	• Personalberater (*Outsourcing*)
• Personalqualifizierung	• Anzeigen im Internet
• Versetzungen	• Arbeitsamt
Vorteile	**Vorteile**
• Kenntnisse der Betriebsabläufe und Unternehmensstruktur	• Möglichkeit, neue Ideen und Anregungen in das Unternehmen einzubringen
• Reduzierung der Kosten, da keine Ausgaben für Werbung, Einstellung usw.	• Keine Entstehung von Lücken durch Beförderungen

- Realistische Einschätzung der Stelle
- Verkürzung der Einarbeitungszeit und Verringerung der Einarbeitungskosten
- Gute Einschätzung der Fähigkeiten des Bewerbers möglich → geringeres Risiko der Fehlbesetzung
- Positive Auswirkungen auf das Betriebsklima, da Aufstiegsmöglichkeiten motivationsfördernd wirken

- Andere Sichtweise beugt Betriebsblindheit vor
- Ggf. langjährige Berufserfahrung der Bewerber im Arbeitsbereich
- Große Auswahl an Bewerbern (*E-Recruiting*)
- Nutzung der Probezeit möglich
- Ggf. bessere Qualifikation der externen Bewerber

1.2 Personalauswahl

- Um die passenden Mitarbeiter zu finden, ist es unumgänglich, Informationen zu den Bewerbern zu erhalten/erfragen.
- Besonders wichtig sind **Bewerbungsunterlagen**, **Testverfahren** und **Vorstellungsgespräche**.

Was kann man mit Bewerbungsunterlagen bspw. erfassen?
– Vorab-Informationen ohne direktes Kennenlernen
– Motivation, Einhalten von formalen Kriterien (Anschreiben)
– Passgenauigkeit des Bewerbers (Lebenslauf, Zeugnisse)
– Äußere Kriterien/harte Fakten wie Alter, Erscheinung, Gesundheitszustand (Lebenslauf, Bild, ärztliche Bescheinigung)
– Empfehlungen/Erfahrungen anderer Unternehmen (Referenzen, Bescheinigungen)
– Arbeitsproben

Was kann man in Vorstellungsgesprächen bspw. erfassen?
– Persönlichkeit, Interesse und Erwartungen, Fachkenntnisse
– Ausdrucksvermögen, Sprachkenntnisse

Was darf man in Vorstellungsgesprächen nicht fragen?
– Evtl. kritische Fakten (Vorstrafen, Parteizugehörigkeit, Religion)
– Schwangerschaft, Kinderwunsch
– Vermögensverhältnisse
– Sexuelle Neigung

Was kann man mit Testverfahren (z. B. Assessment Center, Rollenspiel, Fallstudie) bspw. erfassen?
– Leistungsvermögen
– Konzentration
– Persönlichkeit
– Intelligenz
– Geschwindigkeit

1.3 Personaleinsatz

- Beim Personaleinsatz steht die bestmögliche Zuordnung des Personals zu den Stellen (Anforderungsprofil) im Mittelpunkt.
- Individuelle Anforderungen der Arbeitnehmer und Arbeitgeber werden durch **flexible Arbeitszeitmodelle, Teilzeitarbeit und befristete Verträge** berücksichtigt.
- **Gesetzliche Grundlage:** Gesetz über Teilzeitarbeit und befristete Arbeitsverträge (TzBfG)

Flexibilisierungsmodelle
– **Gleitzeit:** Beginn und Ende der Arbeitszeit innerhalb der Gleitspanne (Beginn z. B. 7:00 Uhr bis 09:00 Uhr; Ende z. B. 15:00 Uhr bis 17:00 Uhr); meist (aber nicht immer) Kernarbeitszeit (z. B. 09:00 Uhr bis 15:00 Uhr), während der der Arbeitnehmer anwesend sein muss
– **Schichtarbeit:** Arbeitnehmer arbeiten in unterschiedlichen Schichten; meist: Zwei- oder Drei-Schicht-Pläne (z. B. Frühschicht 06:00 Uhr – 14:00 Uhr, Spätschicht 14:00 Uhr – 22:00 Uhr, Nachtschicht 22:00 Uhr – 06:00 Uhr)
– **Jobsharing:** Mindestens zwei Arbeitnehmer teilen sich einen Arbeitsplatz (Vollzeitstelle).

– **Arbeitszeitkonten:** Sammeln und Abbau der geleisteten Arbeitsstunden
– **Sabbatical** (Sabbatjahr/Sonderurlaub für die Dauer von z. B. 1 Jahr): keine gesetzlichen Regelungen, z. B. 1 Jahr arbeiten für 1/2 Gehalt, 1 Jahr Urlaub für 1/2 Gehalt
– **Arbeit auf Abruf/Kapovaz:** festes Arbeitszeitkontingent, das auch bei Nicht-Erbringen vergütet wird ➔ Konkretisierung der Arbeitszeit sehr flexibel und kurzfristig (z. B. Gastronomie); nicht zu verwechseln mit Rufbereitschaft, Bereitschaftsdienst (§ 12)
– **Homeoffice:** Arbeit wird anteilig zu Hause verrichtet

Teilzeit
– Verkürzte Arbeitszeit (flexibel vereinbar)
– Verbot der Diskriminierung (Gehalt wird anteilig gezahlt)
– Teilzeit ist möglich, wenn Mitarbeiterzahl im Unternehmen > 15

Befristeter Arbeitsvertrag
– Schriftform nötig (§ 14, Abs. 4)
– Befristung mit Sachgrund, z. B. nur vorübergehender Bedarf oder Vertretung eines anderen Arbeitnehmers (§ 14, Abs. 1, Nr. 1 – 8)
– Befristung ohne Sachgrund maximal 2 Jahre möglich (§ 14, Abs. 2)
– Zweckmäßige Befristung ➔ krankheitsbedingte Vertretung, Krankheitsende zeitlich nicht absehbar

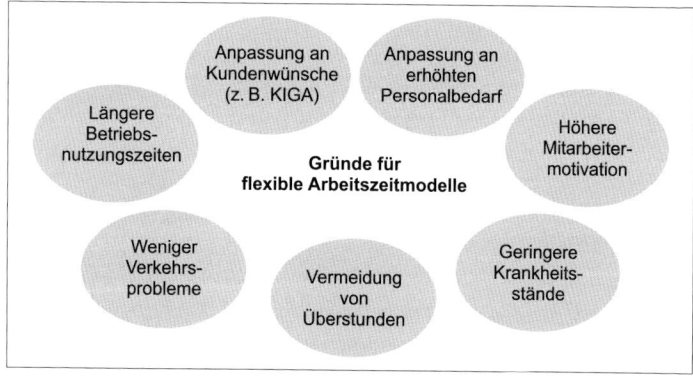

2 Gestaltungsformen eines flexiblen Personaleinsatzes

- Ein Mittel, um **Monotonie zu vermeiden/abzumildern**, ist der flexible Personaleinsatz.

- Spezialisierungsvorteile können abnehmen, allerdings nimmt im Normalfall die Zufriedenheit zu.

Job enrichment

= die Arbeit wird mit anspruchsvolleren Aufgaben auf horizontaler und vertikaler Ebene angereichert, d. h. Vergrößerung der Arbeitsinhalte um Planungs-, Kontroll- und Entscheidungsaufgaben

> **Beispiel** Der Arbeiter füllt nicht nur Fruchtsäfte ab, er ist auch für die Materialbestellung (Planungsaufgabe) zuständig.

Job rotation

= Mitarbeiter tauschen planmäßig den Arbeitsplatz

> **Beispiel** Einen Tag lang füllt ein Arbeiter Fruchtsäfte in Flaschen ab, am folgenden Tag klebt er Etiketten auf die Flaschen und am dritten Tag verpackt er sie.

Job enlargement

= mehrere gleichartige Arbeitsschritte (horizontale Erweiterung) der gleichen Organisationsstufe werden zusammengefasst

> **Beispiel** Ein Arbeiter füllt nicht nur Fruchtsäfte ab, sondern etikettiert auch die Flaschen.

Teilautonome Arbeitsgruppen

= Gruppe erledigt eine gemeinsame Aufgabe/ein Projekt in Eigenregie

> **Beispiel** Die Innovationsabteilung soll ein neues Erfrischungsgetränk entwickeln und einführen. Wer das Layout der neuen Flasche kreiert, wer die Inhaltsstoffe festlegt, wer die Werbemaßnahmen plant usw., legen die Mitarbeiter selbst fest.

Mithilfe der Geschäftsbuchführung das Gesamtergebnis einer Unternehmung ermitteln

An der BOS ist dieses Kapitel nicht im Lehrplan enthalten. Grundsätzlich wird in den Abschlussprüfungen zum Fachabitur und zum Abitur nach LehrplanPLUS nicht mehr gebucht

Aufgabe: Erfassung und Dokumentation aller unternehmensbezogenen Geschäftsvorfälle

→ Ziele: Problemlose Erstellung einer Bilanz und einer Gewinn- und Verlustrechnung am Ende der Geschäftsperiode, um den Erfolg des Unternehmens zu ermitteln

1 Verbuchen von Geschäftsvorfällen

1.1 Buchen auf Bestandskonten

- Es werden **aktive und passive Bestandskonten** unterschieden.

Im IKR ist angegeben, ob es sich bei dem Konto um ein Aktiv- oder Passivkonto handelt.

- Aktivkonten sind alle Konten, die auf der Aktivseite der Bilanz stehen (= **Vermögen; Mittelverwendung**).

- Passivkonten sind alle Konten, die auf der Passivseite der Bilanz stehen (= **Kapital; Mittelherkunft**).

Aktives Bestandskonto		**Passives Bestandskonto**	
S	H	S	H
Anfangs-bestand	**Abgänge**	**Abgänge**	Anfangs-bestand
Zugänge	SBK (8010)	SBK (8010)	**Zugänge**

Buchungssatz: Soll [Betrag] an Haben [Betrag]

Die fruit AG **kauft** eine Abfüllmaschine (Aktivkonto 0720 FMA; Zugang) für 100.000 € netto und bezahlt diese sofort per Banküberweisung (Aktivkonto 2800 BK; Abgang); Vorsteuer 19 % (vgl. S. 39 ff.).

0720 FMA	100.000 €			
2600 VORST	19.000 €	an	2800 BK	119.000 €

→ **nicht erfolgswirksam**, da kein Erfolgskonto (vgl. S. 36) betroffen ist

S	0720 FMA		H	S	2600 VORST		H
8000	240.000 €	8010	340.000 €	2800	19.000 €		
		(vgl. S.36)					
2800	100.000 €						

S	2800 BK		H
8000	177.000 €	0720 / 2600	119.000 €
		8010	58.000 €

Die fruit AG **kauft** eine Abfüllmaschine (Aktivkonto 0720 FMA; Zugang) für 100.000 € netto und bekommt dafür eine Rechnung (Passivkonto 4400 VE; Zugang); Vorsteuer 19 % (vgl. S. 39 ff.).

0720 FMA	100.000 €			
2600 VORST	19.000 €	an	4400 VE	119.000 €

→ **nicht erfolgswirksam**, da kein Erfolgskonto (vgl. S. 36) betroffen ist

S	0720 FMA		H	S	2600 VORST		H
8000	240.000 €	8010	340.000 €	4400	19.000 €		
4400	100.000 €						

S	4400 VE		H
8010	187.000 €	8000	68.000 €
		0720 / 2600	119.000 €

1.2 Abschluss der Bestandskonten

- Alle Bestandskonten werden über das Schlussbilanzkonto (Konto 8010 SBK) abgeschlossen.
- Evtl. sind vorbereitende Abschlussbuchungen nötig.

Buchungssatz:

8010 SBK	an	Aktives Bestandskonto
Passives Bestandskonto	an	8010 SBK

Bsp. 1: 8010 SBK	340.000 €	an	0720 FMA	340.000 €
8010 SBK	58.000 €	an	2800 BK	58.000 €
Bsp. 2: 8010 SBK	340.000 €	an	0720 FMA	340.000 €
4400 VE	187.000 €	an	8010 SBK	187.000 €

1.3 Buchen auf Erfolgskonten

- Erfolgskonten (Aufwands- und Ertragskonten) beeinflussen den **Erfolg** eines Unternehmens.
- **Aufwände mindern** das Eigenkapitel.
- **Erträge mehren** das Eigenkapital.

Im IKR ist angegeben, ob es sich bei dem Konto um ein Ertrags- oder Aufwandskonto handelt.

Ertragskonto		Aufwandskonto	
S	H	S	H
GuV (8020)	**Ertrag**	**Aufwand**	GuV (8020)

Ertrags- und Aufwandskonten haben **keinen Anfangsbestand**.

Beispiel 1

Verkauf von Traubensäften (Ertragskonto 5000 UEFE) für 200.000 € netto auf Ziel; Umsatzsteuer 19 % (vgl. S. 39 ff.).

| 2400 FO | 238.000 € | an | 5000 UEFE | 200.000 € |
| | | | **4800 UST** | 38.000 € |

→ **erfolgswirksam**, da Erfolgskonto bei der Buchung betroffen ist

S	5000 UEFE		H	S	4800 UST		H
8020	200.000 €	2400	200.000 €			2400	38.000 €
(vgl. S. 38)							

S	2400 FO		H
8000	76.000 €	8010	314.000 €
5000 / 4800	238.000 €		

Beispiel 2

Die fruit AG kauft Trauben (Rohstoffe) für die Säfte für 20.000 € netto und bezahlt per Bank; Umsatzsteuer 19 % (vgl. S. 39 ff.).

| 6000 AWR | 20.000 € | | | |
| 2600 VORST | 3.800 € | an | 2800 BK | 23.800 € |

→ **erfolgswirksam**, da Erfolgskonto bei der Buchung betroffen ist

S	6000 AWR		H	S	2600 VORST		H
2800	20.000 €	8020	20.000 €	2800	3.800 €		

S	2800 BK		H
8000	90.000 €	6000 / 2600	23.800 €
		8010	66.200 €

1.4 Abschluss der Erfolgskonten

→ Ertrags- und Aufwandskonten werden über **das Gewinn- und Verlustkonto (Konto 8020 GuV) abgeschlossen**.

Buchungssatz:

Ertragskonto	an	8020 GuV
8020 GuV	an	Aufwandskonto

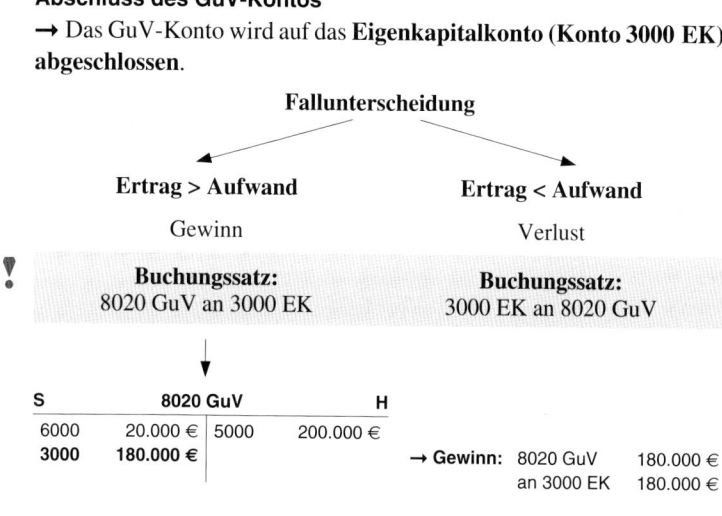

	Bsp. 1: 5000 UEFE	200.000 €	an	8020 GuV	200.000 €
	Bsp. 2: 8020 GuV	20.000 €	an	6000 AWR	20.000 €

S	8020 GuV		H
6000	20.000 €	5000	200.000 €

Abschluss des GuV-Kontos

→ Das GuV-Konto wird auf das **Eigenkapitalkonto (Konto 3000 EK) abgeschlossen**.

Fallunterscheidung

Ertrag > Aufwand

Gewinn

Ertrag < Aufwand

Verlust

Buchungssatz:
8020 GuV an 3000 EK

Buchungssatz:
3000 EK an 8020 GuV

S	8020 GuV		H
6000	20.000 €	5000	200.000 €
3000	180.000 €		

→ Gewinn:	8020 GuV	180.000 €
	an 3000 EK	180.000 €

Abschluss Eigenkapitalkonto

→ Das Eigenkapitalkonto ist ein **passives Bestandskonto** und wird folglich über das **SBK abgeschlossen**.

❗ Buchungssatz:

3000 EK   an   8010 SBK

Beispiel

S	3000 EK		H	S	8010 SBK		H
8010	410.000 €	8000	230.000 € ...			3000	410.000 €
		8020	180.000 € ...			...	

3000 EK   410.000 €   an   8010 SBK   410.000 €

→ Aus dem SBK wird die Bilanz erstellt.

2   Vorsteuer und Umsatzsteuer

- Gem. § 1 UStG unterliegen Unternehmen der Umsatzsteuer für Lieferungen und sonstige Leistungen, die sie im **Inland gegen Entgelt** im Rahmen ihres Unternehmens ausführen.

- Je nach Situation wird zwischen Umsatz- und Vorsteuer unterschieden: Beim Verkauf muss das Unternehmen **Umsatzsteuer** erheben. Die beim Einkauf von Unternehmen zu zahlende Umsatzsteuer nennt man **Vorsteuer**.

- Die **Umsatzsteuer** gilt als **Verbindlichkeit**, die **Vorsteuer** als **Forderung** gegenüber dem/an das Finanzamt.

- Nur die Differenz zwischen Umsatzsteuer und Vorsteuer (Ust. − Vst.) muss, sofern sie positiv ist, an das Finanzamt gezahlt werden (**Zahllast**); ansonsten liegt ein **Vorsteuerüberhang** vor (Rückerstattung).

2.1 Steuersätze – Beispiele

Allgemeiner Steuersatz 19 %	Ermäßigter Steuersatz 7 %	Steuerbefreite Umsätze 0 %
• alle Lieferungen und Leistungen eines Unternehmens im Inland • Importgegenstände nach Deutschland • innergemeinschaftlicher Erwerb in der EU	• Grundnahrungs-mittel • Bücher, Zeitschriften • Theaterbesuch	• Finanzdienst-leistungen • langfr. Ver-mietung von Grundstücken • Versicherungs-leistungen

2.2 Umsatzsteuerzahllast/Vorsteuerüberhang

Fallunterscheidung

Umsatzsteuerzahllast ↘ ↗ **Vorsteuerüberhang**

Umsatzsteuer > Vorsteuer	Vorsteuer > Umsatzsteuer
4800 UST an **2600 VORST** (Umbuchen der Vorsteuer auf das Umsatzsteuerkonto)	**4800 UST** an **2600 VORST** (Umbuchen der Umsatzsteuer auf das Vorsteuerkonto)
4800 UST an **2800 BK** (Abführen der Umsatzsteuer-schuld an das Finanzamt)	**2800 BK** an **2600 VORST** (Rückerstattung des Vorsteuer-überhangs vom Finanzamt)
Berechnung Umsatzsteuerschuld: $\sum$ Umsatzsteuer $- \sum$ Vorsteuer > 0	Berechnung Vorsteuerüberhang: $\sum$ Vorsteuer $- \sum$ Umsatzsteuer > 0

3 Kaufen und Verkaufen

3.1 Einkaufsbuchungen

• Einkauf von Roh-, Hilfs- und Betriebsstoffen sowie Fremdbauteilen wird als Aufwand gebucht.

• In den Buchungssätzen ist die **Vorsteuer** zu berücksichtigen.

Rohstoffe

= Hauptbestandteile des Fertigerzeugnisses

Beispiel

Die fruit AG kauft Birnen für 1.000,00 € netto ein, Bezahlung in bar.

6000 AWR	1.000,00 €			
2600 VORST	190,00 €	an	2880 KA	1.190,00 €

Fremdbauteile

= zusammengesetzte Produkte von Lieferanten, die für die Fertigung eigener Erzeugnisse benötigt werden

Beispiel

Die fruit AG kauft 2.000 Glasflaschen für 17.850,00 € brutto auf Rechnung.

6010 AWF	15.000,00 €			
2600 VORST	2.850,00 €	an	4400 VE	17.850,00 €

Hilfsstoffe

= Nebenbestandteile des Fertigerzeugnisses

Beispiel

Die fruit AG kauft Gelatine für 1.200,00 € netto, Zahlung per Banküberweisung.

6020 AWH	1.200,00 €			
2600 VORST	228,00 €	an	2800 BK	1.428,00 €

Betriebsstoffe

= Bestandteile, die während des Fertigungsprozesses verbraucht werden

Beispiel

Die fruit AG bezahlt eine Stromrechnung von 2.500,00 € netto per Banküberweisung.

6030 AWB	2.500,00 €			
2600 VORST	475,00 €	an	2800 BK	2.975,00 €

3.2 Verkaufsbuchungen

- Verkaufserlöse für eigene Leistungen zählen als Ertrag.
- Bei der Buchung ist die **Umsatzsteuer** zu berücksichtigen.

Beispiel

Die fruit AG verkauft 250 Flaschen Traubensaft für 200,00 € netto auf Rechnung.

2400 FO	238,00 €	an	5000 UEFE	200,00 €
			4800 UST	38,00 €

4 Verbrauch und Bestand

4.1 Jahresgesamtverbrauch bei Vorräten

- Es werden nicht immer alle benötigten Werkstoffe synchron zur Fertigung beschafft und in der gleichen Periode verbraucht.
- **Mehrungen/Minderungen** der Werkstoffbestände sind normal.

Mehrbestand	Minderbestand
1. Ermitteln AB* Zucker: 40 T€	1. Ermitteln AB* Zucker: 40 T€
2. Einkäufe von Zucker auf Ziel: 20 T€ **6000 AWR** an **4400 VE** **20 T€**	2. Einkäufe von Zucker auf Ziel: 20 T€ **6000 AWR** an **4400 VE** **20 T€**
3. Inventurbestand Zucker: 43 T€ **8010 SBK** an **2000 R** **43 T€**	3. Inventurbestand Zucker: 36 T€ **8010 SBK** an **2000 R** **36 T€**
4. Umbuchung der BV*: 3 T€ **2000 R** an **6000 AWR** **3 T€**	4. Umbuchung der BV*: 400 € **6000 AWR** an **2000 R** **4 T€**

Berechnung des Gesamtverbrauchs:
  Zugänge 20 T€
– Mehrbestand 3 T€
= Verbrauch 17 T€
	Berechnung des Gesamtverbrauchs:
	  Zugänge 20 T€
	+ Minderbestand 4 T€
	= Verbrauch 24 T€

* AB = Anfangsbestand; BV = Bestandsveränderung

4.2 Bestandsveränderungen bei fertigen und unfertigen Erzeugnissen

- Es werden nicht immer alle hergestellten Güter einer Periode auch in dieser Periode verkauft.

- Das Unternehmen tätigt zur Herstellung eines Produktes Aufwendungen, denen erst ein Ertrag gegenübersteht, wenn es verkauft wird. Um ein **aussagekräftiges Periodenergebnis** zu erhalten, müssen die Bestandsveränderungen in die Ergebnisermittlung einbezogen werden. Es ist möglich, dass z. B. mehr Produkte verkauft als in der laufenden Periode hergestellt wurden (Lagerentnahme).

- Buchungen auf das **Konto 5200 BV:** Bestandsmehrungen erscheinen als Ertrag auf der Habenseite, Bestandsminderungen als Aufwand auf der Sollseite.

Bestandsmehrung	Bestandsminderung
AB < EB	AB > EB
2200 FE/2100 UFE an **5200 BV**	**5200 BV** an **2200 FE/2100 UFE**
Abschluss des Konto 5200 BV über 8020 GUV:	Abschluss des Kontos 5200 BV über 8020 GUV:
5200 BV an **8020 GUV**	**8020 GUV** an **5200 BV**

5 Buchungen im Sachanlagevermögen

5.1 Einkauf

- Sachanlagevermögen steht dem Unternehmen **langfristig** zur Verfügung.

- Beim Kauf der Vermögensgegenstände ist die Ermittlung der **Anschaffungskosten** von Bedeutung (vgl. S. 97 f.).

Grundstück

→ Anschaffungskosten (z. B. Kaufpreis, Grunderwerbssteuer) werden über das Konto 0500 UGR gebucht.

> **Beispiel**

Die fruit AG kauft ein Grundstück für 100.000,00 €; Grunderwerbssteuer: 3,5 %.

0500 UGR   103.500,00 €   an   4250 LBKV   103.500,00 €

Gebäude

> **Beispiel**

Die fruit AG kauft ein Betriebsgebäude für 250.000,00 €.

0530 BG   250.000,00 €   an   4250 LBKV   250.000,00 €

> ❗ Beim Kauf eines Gebäudes <u>mit</u> Grundstück werden die Anschaffungskosten des Grundstücks über das Konto 0510 „Bebaute Grundstücke" gebucht.

Maschinen

> **Beispiel**

Die fruit AG kauft eine Abfüllanlage auf Ziel für 70.000,00 € netto.

0720 FMA   70.000,00 €
2600 VORST   13.300,00 €   an   4400 VE   83.300,00 €

Fuhrpark

> **Beispiel**

Die fruit AG kauft einen Pkw für den Außendienst; Kaufpreis: 42.000,00 € netto, Bezahlung per Banküberweisung

0840 FP   42.000,00 €
2600 VORST   7.980,00 €   an   2800 BK   49.980,00 €

5.2 Verkauf

- Sachanlagevermögen verliert im Laufe der Zeit oft an Wert (**Abschreibungen**, vgl. S. 99 ff.) → daraus ergeben sich drei mögliche Szenarien beim Ausbuchen des Restbuchwertes und Buchen des Erfolgs (vgl. Tabelle).
- Der Erlös wird über das Konto **5410 „Sonstige Erlöse"** gebucht.

Beispiel

Die fruit AG verkauft einen Lieferwagen für 14.000,00 € netto; Zahlung in bar; Restbuchwert (= RBW) 11.000,00 €.

2880 KA	16.660,00 €	an	5410 EAAV	14.000,00 €
			4800 UST	2.660,00 €

Ausbuchen des RBW und Erfolgsbuchung (Fallunterscheidung)

Nettoerlös (9.000 €) < Restbuchwert		Nettoerlös (11.000 €) = Restbuchwert		Nettoerlös (14.000 €) > Restbuchwert	
Aufwand		**Neutral**		**Gewinn**	
5410 EAAV	**9.000 €**	**5410 EAAV**	**11.000 €**	**5410 EAAV**	**14.000 €**
6960 VAVG	**2.000 €**	an		an	
an		**0840 FP**	**11.000 €**	**0840 FP**	**11.000 €**
0840 FP	**11.000 €**			**5460 EAVG**	**3.000 €**

6   Buchen von aktivierten Eigenleistungen

- **Aktivierte Eigenleistungen** = durch das Unternehmen selbst hergestellte Vermögensgegenstände, die nicht verkauft werden, sondern im Unternehmen verbleiben
- Der Ansatz erfolgt mit den **Herstellungskosten** (vgl. S. 95 f.) → Mehrung des Bestandskontos
- Bei der Herstellung entstehen Aufwendungen, die über das Konto 5300 „Aktivierte Eigenleistungen" **neutralisiert** werden müssen.

> **Buchungssatz:**
> Konto des Anlagevermögens   an   5300 AEL

Beispiel

Die fruit AG stellt einen eigenen Getränkeautomaten her; Herstellungskosten: 20.000,00 €

0850 SBA   20.000,00 €   an   5300 AEL   20.000,00 €

7   Buchungen im Personalbereich

- Vor Ausführung der Buchungen für einen Arbeitnehmer (AN) sind einige Fragen zu beantworten, z. B.:
  - Welcher Steuerklasse gehört der AN an?
  - Ist der AN privat oder gesetzlich versichert?
  - Ist der AN in der Kirche?
  - Aus welchem Bundesland kommt der AN?
  - Hat der AN Kinder?

> - Kirchensteuer in Bayern und Baden-Württemberg 8 %; alle anderen Bundesländer 9 %
> - Solidaritätszuschlag wird erst erhoben, wenn die Lohnsteuer in den Steuerklassen I, II, IV, VI 81,00 € und in der Steuerklasse III 162,00 € im Monat überschreitet. Ab 2021 wird der Solidaritätszuschlag für rund 90 % der Zahler abgeschafft.
> - Solidaritätszuschlag und Kirchensteuer werden in % (5,5 % und 8 % oder 9 %) von der Lohnsteuer berechnet.

7.1 Vom Brutto zum Netto

- **Bruttolohn** = Gesamtvergütung eines Arbeitnehmers vor Abzug der Steuern und Sozialversicherungsabgaben (AN-Anteil)
- **Nettolohn** = Arbeitsentgelt nach Abzug von Steuern und Sozialabgaben

Beispiel

Entgeltabrechnung: Steuerklasse I, Bundesland Bayern, 22 Jahre, rk, kinderlos

			AG-Anteil	
Bruttoentgelt lt. Arbeitsvertrag (2019)	**4.320,00 €**			
Steuerliche Abzüge				
– Lohnsteuer lt. Tabelle	788,83 €			
– Kirchensteuer 8 % v. LSt.	63,11 €	**895,33 €**		
– Solidaritätszuschlag 5,5 % v. LSt.	43,39 €			
Sozialversicherungs- pflichtige Abzüge				
– Krankenversicherung AN 7,3 + 0,5 %, AG 7,3 + 0,5 %	336,96 €		336,96 €	
– Pflegeversicherung AN 1,525 %, AG 1,525 %	65,88 €	**858,60 €**	65,88 €	**858,60 €**
– Rentenversicherung AN 9,3 %, AG 9,3 %	401,76 €		401,76 €	
– Arbeitslosenversicherung AN 1,25 %, AG 1,25 %	54,00 €		54,00 €	
= Nettolohn	**2.566,07 €**			

! Der Zusatzbeitrag zur Krankenversicherung wird nicht mehr wie bis 2018 alleine vom Arbeitnehmer getragen, sondern jeweils zur Hälfte von Arbeitnehmer und Arbeitgeber.

7.2 Beitragssätze zur Sozialversicherung (Stand 2019)

	Arbeitnehmer	Arbeitgeber	Beitragsbemessungsgrenze
Krankenversicherung	7,3 % + Hälfte des kassenabhängigen Zusatzbeitrags	7,3 % + Hälfte des kassenabhängigen Zusatzbeitrags	4.537,50 €
Rentenversicherung	9,3 %	9,3 %	West 6.700 € Ost 6.150 €
Pflegeversicherung	1,525 % + 0,25 % bei Vollendung des 23. Lebensjahrs und kinderlos	1,525 %	4.537,50 €
Arbeitslosenversicherung	1,25 %	1,25 %	West 6.700 € Ost 6.150 €

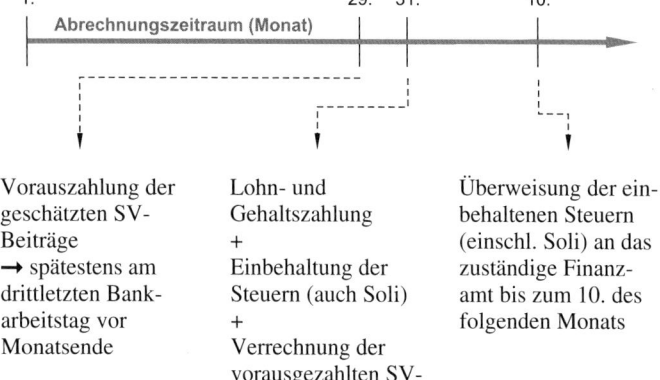

1.	29. 31.	10.
Abrechnungszeitraum (Monat)		

| Vorauszahlung der geschätzten SV-Beiträge → spätestens am drittletzten Bankarbeitstag vor Monatsende | Lohn- und Gehaltszahlung + Einbehaltung der Steuern (auch Soli) + Verrechnung der vorausgezahlten SV-Beiträge (auch AG-Anteil) | Überweisung der einbehaltenen Steuern (einschl. Soli) an das zuständige Finanzamt bis zum 10. des folgenden Monats |

❗ Buchungssätze
- Gehaltsbuchung:

6200 L / 6300 G an	**2800 BK**	
	4830 VFA	
	4840 VSV	

- AG-Anteil zur Sozialversicherung als Aufwand:

  6410 AGASV   an   4840 VSV

- Überweisung der Sozialversicherungsbeiträge:

  4840 VSV   an   2800 BK

- Überweisung der Steuern an das Finanzamt:

  4830 VFA   an   2800 BK

Beispiel

6200 L	4.320,00 €	an	2800 BK	2.566,07 €
			4830 VFA	895,33 €
			4840 VSV	858,60 €

6410 AGASV	858,60 €	an	4840 VSV	858,60 €
4840 VSV	1.717,20 €	an	2800 BK	1.717,20 €
4830 VFA	895,33 €	an	2800 BK	895,33 €

❗ Die Beiträge zur Unfallversicherung bezahlt alleine der AG.

Buchungssatz:

6420 BBG   an   2800 BK

Da die Sozialversicherungsbeiträge des Arbeitnehmers am drittletzten Bankarbeitstag im Monat bezahlt werden müssen, der Bruttolohn eines Arbeiters aber z. B. in Abhängigkeit von den geleisteten Arbeitsstunden erst am Ende des Monats feststeht, erfolgt die Buchung der Sozialversicherungsbeiträge oft über das **Konto 2640** „Vorauszahlung Sozialversicherungsbeiträge".

8 Gewinn- und Verlustrechnung nach dem Gesamtkostenverfahren

1.	Umsatzerlöse
± 2.	Erhöhung oder Verminderung des Bestands an fertigen und unfertigen Erzeugnissen
+ 3.	andere aktivierte Eigenleistungen
+ 4.	sonstige betriebliche Erträge
5.	Materialaufwand
–	a Aufwendungen für Roh-, Hilfs- und Betriebsstoffe und für bezogene Waren
–	b Aufwendungen für bezogene Leistungen
6.	Personalaufwand
–	a Löhne und Gehälter
–	b soziale Abgaben und Aufwendungen für Altersversorgung und für Unterstützung
7.	Abschreibungen
–	a auf immaterielle Vermögensgegenstände des Anlagevermögens und Sachanlagen
–	b auf Vermögensgegenstände des Umlaufvermögens, soweit diese die in der Kapitalgesellschaft üblichen Abschreibungen überschreiten
– 8.	sonstige betriebliche Aufwendungen
+ 9.	Erträge aus Beteiligungen
+ 10.	Erträge aus anderen Wertpapieren aus Ausleihungen des Finanzanlagevermögens
+ 11.	sonstige Zinsen und ähnliche Erträge
– 12.	Abschreibungen auf Finanzanlagen und auf Wertpapiere des Umlaufvermögens
– 13.	Zinsen und ähnliche Aufwendungen
– 14.	Steuern vom Einkommen und vom Ertrag
= 15.	Ergebnis nach Steuern
– 16.	sonstige Steuern
= 17.	**Jahresüberschuss/Jahresfehlbetrag**

Mithilfe der Vollkostenrechnung Angebotspreise und das Betriebsergebnis ermitteln

Aufgabe: Verteilung aller angefallenen Kosten auf die Produkte

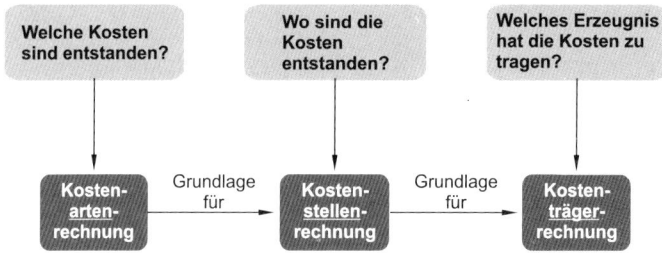

1 Kostenartenrechnung

Aufgabe: Einteilung der Kosten

- **Einzelkosten** = dem Produkt direkt zuzuordnen, z. B. Zucker, Äpfel

- **Gemeinkosten** = dem Produkt nur indirekt zurechenbar

  - **Kostenstelleneinzelkosten** = den Hauptkostenstellen (Material, Fertigung, Verwaltung, Vertrieb) direkt zurechenbar, z. B. Löhne und Gehälter

  - **Kostenstellengemeinkosten** = den Hauptkostenstellen nicht direkt zuzuordnen → Verteilung über Verrechnungsschlüssel, z. B. Miete

- **Sondereinzelkosten der Fertigung** = für konkreten Auftrag dem Produkt zurechenbar, z. B. Konstruktionspläne, Spezialwerkzeuge, Lizenzen, Patente

- **Sondereinzelkosten des Vertriebs** = dem Produkt zurechenbar, z. B. Spezialverpackungen, Fracht, Zölle

2 Kostenstellenrechnung – Betriebsabrechnungsbogen (BAB)

Aufgabe: Verteilung der Gemeinkosten auf die Hauptkostenstellen

- **Hauptkostenstellen** = Material, Fertigung, Verwaltung, Vertrieb

- Beim **einstufigen BAB** werden die Gemeinkosten direkt auf die Hauptkostenstellen verteilt.

- Beim **mehrstufigen BAB** spielen auch allgemeine Hilfskostenstellen und Fertigungshilfskostenstellen eine Rolle; zunächst werden die **allgemeinen Hilfskostenstellen** auf **alle** anderen Kostenstellen umgelegt, erst danach werden die **Fertigungshilfskostenstellen** auf die Hauptkostenstelle(n) Fertigung umgelegt.

  - **Allgemeine Hilfskostenstellen** werden von allen Kostenstellen in Anspruch genommen → werden auf alle Kostenstellen verteilt (Verteilungsschlüssel).

  - **Fertigungshilfskostenstellen** werden auf die Kostenstelle(n) „Fertigung" umgelegt (Verteilungsschlüssel).

Beispiel

Kosten-arten	Summe (in €)	Kostenstellen						
		Kant.	Mat.	Vorb.	Fert. I	Fert. II	Verw.	Vertr.
Hilfs-stoffe	850.000				13 %	82 %		5 %
Gehälter	952.000	12 %	21 %	22 %	6 %	22 %	12 %	5 %
Energie-kosten	62.400	(Angaben in kWh; ∑ 156.000 kWh)						
		12.000	25.000	12.400	21.400	67.100	16.100	2.000
Miete	98.160	(Fläche in m²; ∑ 4.090 m²)						
		90	860	80	370	800	980	910
Wer-bung	88.000							100 %

Verteilungsschlüssel Kantine; Material: 4, Arbeitsvorbereitung: 3, Fertigung I: 3, Fertigung II: 2, Verwaltung: 1, Vertrieb: 2

Verteilung Fertigungshilfskostenstelle: Fertigung I: 0,4; Fertigung II: 0,6

BAB – tatsächlich angefallene Kosten (in €)

Kostenarten	Summe	Kantine	Material	Arbeitsvorbereitung	Fertigung I	Fertigung II	Verwaltung	Vertrieb
Hilfsstoffe	850.000				110.500	697.000		42.500
Gehälter	952.000	114.240	199.920	209.440	57.120	209.440	114.240	47.600
Energiekosten	62.400	4.800	10.000	4.960	8.560	26.840	6.440	800
Miete	98.160	2.160	20.640	1.920	8.880	19.200	23.520	21.840
Werbung	88.000							88.000
Summe		121.200	230.560	216.320	185.060	952.480	144.200	200.740
Umlage Kantine			32.320	24.240	24.240	16.160	8.080	16.160
Summe			262.880	240.560	209.300	968.640	152.280	216.900
Umlage Arbeitsvorbereitung					96.224	144.336		
Summe IST-Gemeinkosten			**262.880**		**305.524**	**1.112.976**	**152.280**	**216.900**

Beispielrechnungen:

- Hilfsstoffe → gesamt 100 %, davon z. B. Fertigung I 13 %

  Fertigung I $= \dfrac{850.000 \, € \cdot 13}{100} = 110.500 \, €$

- Gehälter → gesamt 100 %, davon z. B. Verwaltung 12 %

  Verwaltung $= \dfrac{952.000 \, € \cdot 12}{100} = 114.240 \, €$

- Energiekosten → Gesamtverbrauch 156.000 kWh, davon z. B. Kantine 12.000 kWh

  Kantine $= \dfrac{62.400 \, € \cdot 12.000 \text{ kWh}}{156.000 \text{ kWh}} = 4.800 \, €$

- Mieten → gesamt 4.090 m², davon z. B. Materialabteilung 860 m²

  Material $= \dfrac{98.160 \, € \cdot 860 \text{ m}^2}{4.090 \text{ m}^2} = 20.640 \, €$

Berechnung der Gemeinkostenzuschlagssätze (GK-ZS)

$$\textbf{GK-ZS} = \frac{\text{Gemeinkosten der Hauptkostenstelle}}{\text{Bezugsgröße}} \cdot 100 \, \%$$

Beispiel

Einzelkosten → FM: 920.000,00 € (geg.)
  FL I: 80.000,00 € (geg.)
  FL II: 780.000,00 € (geg.)

MGK-ZS $= \dfrac{262.880,00 \, €}{920.000,00 \, €} \cdot 100 \, \% = 28,57 \, \%$ $\left.\begin{array}{l} \\ \\ \\ \end{array}\right\}$ Bezugsgröße: Fertigungsmaterial

FGK I-ZS $= \dfrac{305.524,00 \, €}{80.000,00 \, €} \cdot 100 \, \% = 381,91 \, \%$ $\left.\begin{array}{l} \\ \\ \\ \end{array}\right\}$ Bezugsgröße: Fertigungslöhne I

FGK II-ZS $= \dfrac{1.112.976,00 \, €}{780.000,00 \, €} \cdot 100 \, \% = 142,69 \, \%$ $\left.\begin{array}{l} \\ \\ \\ \end{array}\right\}$ Bezugsgröße: Fertigungslöhne II

Vw-GK-ZS $= \dfrac{152.280,00 \, €}{3.461.380,00 \, €} \cdot 100 \, \% = 4,40 \, \%$ $\left.\begin{array}{l} \\ \\ \\ \\ \end{array}\right\}$ Bezugsgröße sind die HKA (vgl. S. 55)

Vt-GK-ZS $= \dfrac{216.900,00 \, €}{3.461.380,00 \, €} \cdot 100 \, \% = 6,27 \, \%$

**Berechnung der Herstellkosten der Abrechnungsperiode
(HKA; IST-Kosten)**

Beispiel

FM	920.000,00 €
+ MGK	262.880,00 €
+ FL I	80.000,00 €
+ FGK I	305.524,00 €
+ FL II	780.000,00 €
+ FGK II	1.112.976,00 €
+ SEKF	0,00 €
= HKA	3.461.380,00 €

3 Bestandsveränderung und Kostendeckung

- **Bisherige Annahme:** keine Bestandsveränderung
- Unter der Annahme von Bestandveränderungen (Veränderung des Lagerbestands an fertigen und unfertigen Erzeugnissen) dienen die **Herstellkosten des Umsatzes (HKU)** als Bezugsgröße für die Vertriebs- und Verwaltungsgemeinkosten (→ nicht mehr die HKA).
- In der Realität muss man Preise kalkulieren, bevor man die genauen Gemeinkosten **(Istgemeinkosten)** kennt. Deshalb werden mithilfe von Erfahrungswerten **Normalgemeinkostenzuschlagssätze** ermittelt und zur Berechnung von **Normalgemeinkosten** herangezogen. Nach Ablauf einer Periode können die Istgemeinkosten mit den Normalgemeinkosten verglichen werden:
  - **Kostenunterdeckung: N-GK < IST-GK** → Wir haben mit weniger Kosten kalkuliert, als tatsächlich angefallen sind.
  - **Kostenüberdeckung: N-GK > IST-GK** → Wir haben mit mehr Kosten kalkuliert, als tatsächlich angefallen sind.

❗ Annahme in Prüfungsaufgaben: Die Einzelkosten für Material und Fertigung sind in der NORMAL- und in der IST-Kostenrechnung gleich.

Beispiel

Die **HKU (Normal)** als Basis für die Verwaltungs- und Vertriebsgemein-
kosten (Normal) werden beispielsweise unter Annahme von **gegebe-
nen Normalzuschlagssätzen** von 25 % (Material), 400 % (Fertigung I)
und 120 % (Fertigung II), einer **Bestandsminderung an unfertigen
Erzeugnissen** (70.000 €) und einer **Bestandsmehrung an fertigen
Erzeugnissen** (190.000 €) folgendermaßen berechnet:

Berechnung der HKU (Normal-Kosten)

FM	920.000,00 €
+ MGK (25 %)	230.000,00 €
+ FL I	80.000,00 €
+ FGK I (400 %)	320.000,00 €
+ FL II	780.000,00 €
+ FGK II (120 %)	936.000,00 €
+ SEKF	0,00 €
= **HKA**	**3.266.000,00 €**
+ BVUFE	70.000,00 €
= HKFE	3.336.000,00 €
− BVFE	190.000,00 €
= **HKU**	**3.146.000,00 €**

Bestandsmehrung (AB < SB) → Subtraktion (−)
Bestandsminderung (AB > SB) → Addition (+)

Alternativ: Berechnung in der Stückbetrachtung

Gegeben:
HK/Stk.: 0,50 €,
produzierte Menge: 6.672.000 Flaschen Apfelsaft,
verkaufte Menge: 6.292.000 Flaschen Apfelsaft

HKFE = HK/Stk. · produzierte Menge
= 0,50 €/Stk. · 6.672.000 Stk. = **3.336.000,00 €**

HKU = HK/Stk. · verkaufte Menge
= 0,50 €/Stk. · 6.292.000 Stk. = **3.146.000,00 €**

BVFE = (produzierte Menge − verkaufte Menge) · HK/Stk.
= (6.672.000 − 6.292.000) Stk. · 0,50 €/Stk. = **190.000,00 €**

→ **Bestandsmehrung**, da produzierte Menge > verkaufte Menge

Zusammenfassung des Beispiels

	Material	Fertigung I	Fertigung II	Ver- waltung	Vertrieb
∑ Ist-GK (vgl. S. 53)	262.880 €	305.524 €	1.112.976 €	152.280 €	216.900 €
N-GK-ZS (geg.)	25 %	400 %	120 %	6 % (geg.)	5 % (geg.)
Einzelkosten	920.000 €	80.000 €	780.000 €	3.146.000 €	3.146.000 €
∑ N-GK	230.000 €	320.000 €	936.000 €	188.760 €	157.300 €
Über-/Unter- deckung	−32.880 €	+14.476 €	−176.976 €	+36.480 €	−59.600 €

▼	▼	▼	▼	▼
Unter- deckung	Über- deckung	Unter- deckung	Über- deckung	Unter- deckung

4 Kostenträgerrechnung

- Mithilfe der Kostenträgerrechnung können das Betriebs- und Umsatzergebnis (**Kostenträgerzeitrechnung**) und der Angebotspreis (**Kostenträgerstückrechnung**) ermittelt werden.

- Ein **Kostenträgerzeitblatt** ist ein Hilfsmittel zur Berechnung. Es kann Istkosten (Nachkalkulation), Normalkosten (Vorkalkulation) oder beides (Vergleich) enthalten:

  – Im **Kostenträgerzeitblatt mit Normalgemeinkosten** wird das **Umsatzergebnis** ermittelt.

    → Nettoverkaufserlöse – Selbstkosten des Umsatzes „Normal"

  – Im **Kostenträgerzeitblatt mit Istgemeinkosten** wird das **Betriebsergebnis** ermittelt.

    → Nettoverkaufserlöse – Selbstkosten des Umsatzes „Ist"

❗ Annahme in Prüfungsaufgaben: Umsatzerlöse der Kalkulation entsprechen den tatsächlichen Umsatzerlösen.

4.1 Kostenträgerzeitblatt auf Normalkostenbasis

- Ermittlung des **Umsatzergebnisses** (= Kalkuliertes Ergebnis)
- Gegenüberstellung der **kalkulierten Kosten** zweier oder mehrerer Produkte (Kostenträgerzeitrechnung): Welches Produkt trägt wie viel zum Umsatzergebnis bei?

Beispiel

Hinweise:

- Beträge der Abrechnungsperiode wie bisher
- Zusatzannahme: SEKVt: 5000,00 €
- Preis pro Flasche: 1,00 € → Apfelsaft und Traubensaft identisch
- Menge an Apfel- und Traubensaft (45:55); Aufteilung der Einzelkosten auf Produkte ist gegeben → Zuschlagssätze identisch

Kalkulation	Periode (gesamt) [€]	Apfelsaft [€]	Traubensaft [€]
FM	920.000,00	420.000,00	500.000,00
+ MGK (25 %)	230.000,00	105.000,00	125.000,00
+ FL I	80.000,00	37.000,00	43.000,00
+ FGK I (400 %)	320.000,00	148.000,00	172.000,00
+ FL II	780.000,00	390.000,00	390.000,00
+ FGK II (120 %)	936.000,00	468.000,00	468.000,00
+ SEKF	+0,00	+0,00	+0,00
= HKA	3.266.000,00	1.568.000,00	1.698.000,00
± BVUFE	+70.000,00	+45.000,00	+25.000,00
= HKFE	3.336.000,00	1.613.000,00	1.723.000,00
± BVFE	−190.000,00	−95.000,00	−95.000,00
= HKU	3.146.000,00	1.518.000,00	1.628.000,00
+ VwGK (6 %)	188.760,00	91.080,00	97.680,00
+ VtGK (5 %)	157.300,00	75.900,00	81.400,00
+ SEKVt (geg.)	+5.000,00	+2.250,00	+2.750,00
= SKU	3.497.060,00	1.687.230,00	1.809.830,00
NVE	6.292.000,00	2.831.400,00	3.460.600,00
− SKU	3.497.060,00	1.687.230,00	1.809.830,00
= UE	2.794.940,00	1.144.170,00	1.650.770,00

4.2 Kostenträgerzeitblatt mit Normal- und Istkosten

- Gegenüberstellung von **Ist- und Normalkosten**
- Ermittlung von **Kostenüber- oder -unterdeckung**

Beispiel

Hinweise:
- Normalkosten /-Prozentsätze wie bisher
- Ist-Prozentsätze sind gegeben
- Bestandsveränderungen Normal und Ist identisch

Kalk.	N-%	Ist-%	Normal [€]	IST [€]	Kosten-deckung [€]
FM			920.000,00	920.000,00	
+ MGK	25	26	230.000,00	239.200,00	−9.200,00
+ FL I			80.000,00	80.000,00	
+ FGK I	400	350	320.000,00	280.000,00	+40.000,00
+ FL II			780.000,00	780.000,00	
+ FGK II	120	140	936.000,00	1.092.000,00	−156.000,00
+ SEKF			+0,00	+0,00	
= HKA			3.266.000,00	3.391.200,00	
± BVUFE			+70.000,00	+70.000,00	
= HKFE			3.336.000,00	3.461.200,00	
± BVFE			−190.000,00	−190.000,00	
= HKU			3.146.000,00	3.271.200,00	
+ VwGK	6	7	188.760,00	228.984,00	−40.224,00
+ VtGK	5	4	157.300,00	130.848,00	+26.452,00
+ SEKVt			+5.000,00	+5.000,00	
= SKU			3.497.060,00	3.636.032,00	−138.972,00
NVE			6.292.000,00	6.292.000,00	
− SKU			3.497.060,00	3.636.032,00	
= UE			+2.794.940,00	+2.655.968,00	

5 Maschinenabhängige und lohnabhängige Fertigungsgemeinkosten

- Infolge der Automatisierung steigen die **Maschinenkosten**, **Fertigungslöhne** sinken eher, da weniger Personal nötig ist → aus diesem Grund ist eine Aufteilung in maschinenabhängige und lohnabhängige Fertigungsgemeinkosten sinnvoll.
- **Maschinenabhängige Fertigungsgemeinkosten:** z. B. Energie-, Raum- und Instandhaltungskosten, kalkulatorische Abschreibungen und Zinsen
- Die Aufteilung führt zu einer Veränderung im **Kalkulationsschema.**

Formeln:

Maschinen-kosten	$= \text{Maschinenstundensatz} \cdot \text{Maschinenlaufzeit}$
Maschinen-stunden-satz	$= \dfrac{\sum \text{Maschinenkosten der Abrechnungsperiode}}{\text{Maschinenstunden der Abrechnungsperiode}}$

- **Lohnabhängige Fertigungsgemeinkosten** = Rest-FGK

Formel:

Rest-FGK	$= \dfrac{\text{Fertigungslöhne} \cdot \text{Rest-FGK-ZS}}{100}$

Beispiel

Rest-FGK-ZS: 140 %   Maschinenstundensatz: 832,00 €/h
Maschinenlaufzeit: 250 h   FL I: 80.000,00 €

FL I	80.000,00 €
+ Rest-FGK I	112.000,00 €
+ MaK	208.000,00 €
= FK I	400.000,00 €

6 Kostenträgerstückrechnung

6.1 Progressive Kalkulation (= Vorwärtskalkulation)

- Bei der **Vorwärtskalkulation** wird der Angebotspreis ausgehend vom Fertigungsmaterial mithilfe von Kosten und Zuschlagssätzen berechnet.

- **Annahme für das Beispiel:** Einzelkosten, Zuschlagssätze und Vertriebskonditionen sind gegeben.

- **Zu beantwortende Frage:** Wie hoch ist der Angebotspreis?

Beispiel

FM		0,14 €		100,00 %	
+ MGK	25,00 %	0,04 €		+ 25,00 %	
= MK		0,18 €	**0,18 €**	= 125,00 %	
+ FL I		0,01 €		100,00 %	
+ FGK I	400,00 %	0,04 €		+ 400,00 %	
= FK I		0,05 €	**0,05 €**	= 500,00 %	
+ FL II		0,12 €		100,00 %	
+ FGK II	120,00 %	0,14 €		+ 120,00 %	
= FK II		0,26 €	**0,26 €**	= 220,00 %	
+ SEKF			0,00 €		
= HK			**0,49 €**	100,00 %	
+ VwGK	6,00 %		0,03 €	+ 6,00 %	
+ VtGK	5,00 %		0,02 €	+ 5,00 %	
= SK			**0,54 €**	= 111,00 %	100,00 %
+ G	25,00 %		0,14 €		+ 25,00 %
= VVP			**0,68 €**	95,00 %	= 125,00 %
+ Vertr.-Prov.	3,00 %		0,02 €	+ 3,00 %	
= BVP			**0,70 €**	= 98,00 %	
+ Skonto	2,00 %		0,01 €	+ 2,00 %	
= ZVP			**0,71 €**	= 100,00 %	95,00 %
+ Rabatt	5,00 %		0,04 €		+ 5,00 %
= AP /LP			**0,75 €**		= 100,00 %

6.2 Differenzkalkulation

- Mithilfe der **Differenzkalkulation** kann ermittelt werden, ob das Produkt zu einem niedrigeren Preis am Markt angeboten werden kann.

- **Annahme für das Beispiel:** Der Preis wird auf 0,65 € pro Liter Apfelsaft gesenkt.

- **Zu beantwortende Frage:** Kann noch ein Gewinn erzielt werden?

Beispiel

FM		0,14 €		100,00 %	
+ MGK	25,00 %	0,04 €		+25,00 %	
= MK		0,18 €	**0,18 €**	=125,00 %	
+ FL I		0,01 €		100,00 %	
+ FGK I	400,00 %	0,04 €		+400,00 %	
= FK I		0,05 €	**0,05 €**	=500,00 %	
+ FL II		0,12 €		100,00 %	
+ FGK II	120,00 %	0,14 €		+120,00 %	
= FK II		0,26 €	**0,26 €**	=220,00 %	
+ SEKF		0,00 €			
= HK			**0,49 €**	100,00 %	
+ VwGK	6,00 %	0,03 €		+6,00 %	
+ VtGK	5,00 %	0,02 €		+5,00 %	
= SK			**0,54 €**	=111,00 %	100,00 %
+ G	9,26 %	0,05 €			+9,26 %
= VVP			**0,59 €**	95,00 %	=109,26 %
+ Vertr.-Prov.	3,00 %	0,02 €			+3,00 %
= BVP			**0,61 €**	=98,00 %	
+ Skonto	2,00 %	0,01 €			+2,00 %
= ZVP			**0,62 €**	=100,00 %	95,00 %
+ Rabatt	5,00 %	0,03 €			+5,00 %
= AP /LP			**0,65 €**		=100,00 %

6.3 Retrograde Kalkulation (Rückwärtskalkulation)

- Bei der **retrograden Kalkulation** wird vom Angebotspreis ausgehend rückwärts gerechnet. Somit kann ermittelt werden, wie viel beim Fertigungsmaterial eingespart werden muss, wenn beispielsweise der Gewinn in Prozent unverändert bleiben soll.

- **Annahmen für das Beispiel:** Angebotspreis: 0,65 €, aber Gewinnaufschlag von 25 % beibehalten

- **Zu beantwortende Frage:** Wie viel darf das Fertigungsmaterial maximal kosten?

Beispiel

FM		**0,09 €**		100,00 %	
+ MGK	25,00 %	0,02 €		+25,00 %	
= MK		0,11 €	**0,11 €**	=125,00 %	
+ FL I		0,01 €		100,00 %	
+ FGK I	400,00 %	0,04 €		+400,00 %	
= FK I		0,05 €	**0,05 €**	=500,00 %	
+ FL II		0,12 €		100,00 %	
+ FGK II	120,00 %	0,14 €		+120,00 %	
= FK II		0,26 €	**0,26 €**	=220,00 %	
+ SEKF			0,00 €		
= HK			**0,42 €**	100,00 %	
+ VwGK	6,00 %		0,03 €	+6,00 %	
+ VtGK	5,00 %		0,02 €	+5,00 %	
= SK			**0,47 €**	=111,00 %	100,00 %
+ G	25,00 %		0,12 €		+25,00 %
= VVP			**0,59 €**	95,00 %	=125,00 %
+ Vertr.-Prov.	3,00 %		0,02 €	+3,00 %	
= BVP			**0,61 €**	=98,00 %	
+ Skonto	2,00 %		0,01 €	+2,00 %	
= ZVP			**0,62 €**	=100,00 %	95,00 %
+ Rabatt	5,00 %		0,03 €		+5,00 %
= AP / LP			**0,65 €**		=100,00 %

7 Gesamt- und Betriebsergebnis

7.1 Wichtige Begriffe

- **Aufwendungen:** Werteverbrauch im Unternehmen innerhalb einer Abrechnungsperiode unabhängig davon, ob die Ursache im Betriebszweck liegt oder nicht → **Finanzbuchhaltung**
- **(Grund-)Kosten:** Aufwendungen, die durch den Betriebszweck verursacht werden → **Kosten- und Leistungsrechnung**
- **Erträge:** Wertezuwachs im Unternehmen innerhalb einer Abrechnungsperiode unabhängig davon, ob die Ursache im Betriebszweck liegt oder nicht → **Finanzbuchhaltung**
- **Leistungen:** Erträge, die der betrieblichen Leistungserstellung entstammen → **Kosten- und Leistungsrechnung**
- **Kalkulatorische Kosten:** Kosten der Kosten- und Leistungsrechnung, für die in der Buchhaltung keine Aufwendungen (**Zusatzkosten:** z. B. kalk. Unternehmerlohn, kalk. Miete) oder Aufwendungen in anderer Höhe (**Anderskosten:** z. B. kalk. Abschr.) anfallen

Geschäftsbuchführung		
Unternehmensbezogene Aufwendungen (neutrale Aufwendungen) → keine Kosten	Betriebsbezogene Aufwendungen	
	Grundkosten	Zusatzkosten → kein Aufwand
	Anderskosten	
	Kosten- und Leistungsrechnung	

Formeln:

Gesamtergebnis	= Erträge – Aufwendungen
Betriebsergebnis	= Leistungen – Kosten

! Aufgrund gesetzlicher Änderungen (BilRUG) sind die außerordentlichen Erträge und Aufwendungen nicht mehr Teil des Gliederungsschemas für die GuV. Allerdings spielt die Erfassung **intern** immer noch eine Rolle.

7.2 Abweichungen zwischen Kosten und Aufwendungen – Abschreibungen

- **Bilanzielle Abschreibung (Aufwand):**
  - basiert auf der steuerrechtlichen Nutzungsdauer
  - geht von den Anschaffungskosten aus
  - es sind verschiedene Abschreibungsmethoden möglich (auch geometrisch-degressiv)
- **Kalkulatorische Abschreibung (Kosten):**
  - basiert auf der tatsächlichen Nutzungsdauer
  - geht vom Wiederbeschaffungswert aus
  - es wird linear oder leistungsabhängig abgeschrieben
  - wird zur Berechnung des Verkaufspreises herangezogen

Beispiel

tatsächliche Nutzungsdauer: 8 Jahre,
steuerrechtliche Nutzungsdauer: 6 Jahre

Anschaffungskosten 90.000,00 €
Wiederbeschaffungskosten: 96.000,00 €

$$\text{bilanzielle Abschreibung} = \frac{90.000,00 \text{ €}}{6 \text{ Jahre}} = \mathbf{15.000,00 \text{ €/Jahr}}$$

$$\text{kalkulatorische Abschreibung} = \frac{96.000,00 \text{ €}}{8 \text{ Jahre}} = \mathbf{12.000,00 \text{ €/Jahr}}$$

→ Das Gesamtergebnis ist somit um 3.000 € niedriger als das Betriebsergebnis.

7.3 Abweichungen zwischen Leistungen und Erträgen – betriebsfremde Zinserträge

- Betriebsfremde Zinserträge werden in der Kosten- und Leistungsrechnung nicht berücksichtigt.
- Es handelt sich um **neutrale Erträge**.
- Sie betreffen nur das **Gesamtergebnis**, nicht das Betriebsergebnis.

Entscheidungen mithilfe der Teilkostenrechnung vorbereiten und begründet treffen

Aufgabe: Verteilung der variablen Kosten auf die Kostenträger

1 Vollkosten- und Teilkostenrechnung

1.1 Unterschiede

Vollkostenrechnung	Teilkostenrechnung
→ alle Kosten werden verrechnet → Orientierung an den Kosten → langfristige Planung: alle Kosten müssen gedeckt sein → keine Unterteilung in fixe und variable Kosten: evtl. **Probleme mit der Preiskalkulation**, wenn sich Ausbringungsmengen verändern (z. B. wenn Ausbringungsmenge um die Hälfte sinkt, fallen immer noch alle Fixkosten an)	→ es werden zunächst nur die variablen Kosten verrechnet → Orientierung am Marktpreis → kurzfristige Planung: in der kurzen Sicht kann es durchaus sinnvoll sein, einen Auftrag anzunehmen, wenn die variablen Kosten gedeckt sind
Einzelkosten (FM, FL, SEKF) + Gemeinkosten (MGK, FGK, VwGK, VtGK)	variable Kosten + fixe Kosten
= Selbstkosten	= Selbstkosten
Nettoverkaufserlöse – Selbstkosten	Nettoverkaufserlös/Stk. – variable Kosten/Stk.
= Betriebsergebnis	= Deckungsbeitrag/Stk.
	Deckungsbeitrag – fixe Kosten
	= Betriebsergebnis

1.2 Variable und fixe Kosten

- In der Teilkostenrechnung findet eine Unterteilung der Kosten in Abhängigkeit vom Beschäftigungsgrad statt:
  - **fixe Kosten (K_f):** fallen unabhängig von der produzierten Menge in gleicher Höhe an, z. B. Miete, Abschreibung, Zinsen, Instandhaltung, Versicherung
  - **variable Kosten (K_v):** sind abhängig von der produzierten Menge → steigen, wenn Produktionsmenge steigt, z. B. Rohstoffe, Hilfsstoffe, Energie
- In der Stückbetrachtung sind die fixen Kosten variabel und die variablen Kosten fix (konstant)!

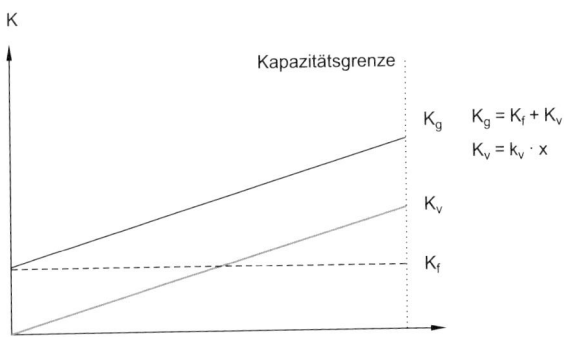

$$K_g = K_f + K_v$$
$$K_v = k_v \cdot x$$

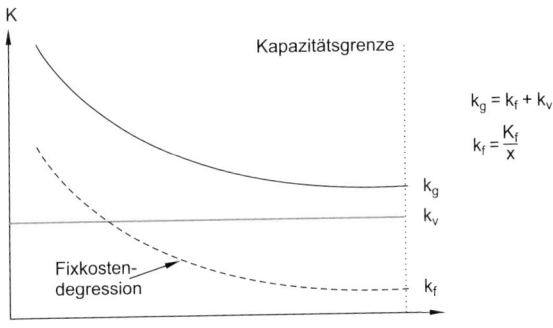

$$k_g = k_f + k_v$$
$$k_f = \frac{K_f}{x}$$

2 Deckungsbeitragsrechnung

2.1 Stück- und Gesamtdeckungsbeitrag

- **Stückdeckungsbeitrag:** Welchen Beitrag leistet der Verkauf einer Einheit eines Produktes zur Deckung der fixen Gesamtkosten?
- **Gesamtdeckungsbeitrag:** Welchen Beitrag leistet der Verkauf einer Produktgruppe bzw. der Verkauf aller Produkte des Betriebs zur Deckung der Fixkosten?

Formeln:

Stückdeckungsbeitrag	= Preis – variable Stückkosten
Gesamtdeckungsbeitrag	= Umsatzerlöse – variable Gesamtkosten
Betriebsergebnis	= Gesamt-DB – fixe Gesamtkosten

Beispiel

Stückdeckungsbeitrag einer 1 Liter-Apfelsaftflasche		Gesamtdeckungsbeitrag von 10.000 Flaschen Apfelsaft	
e	0,80 €	E	8.000,00 €
– k_v	0,35 €	– K_v	3.500,00 €
= db	**0,45 €**	**= DB**	**4.500,00 €**
→ jede verkaufte Flasche Apfelsaft leistet einen Beitrag von 0,45 € zur Deckung von K_f		→ 10.000 verkaufte Flaschen leisten einen Beitrag von 4.500,00 € zur Deckung von K_f	
		– K_f	3.300,00 €
		= BE	**1.200,00 €**

2.2 Entscheidung über Auftragsannahme generell

- Aufträge sind **anzunehmen**, wenn gilt: **db > 0**.
- Das **Betriebsergebnis** kann **maximiert** werden, wenn die Produkte in der abnehmenden Reihenfolge ihres Stückdeckungsbeitrags (bis zur Kapazitätsgrenze) produziert werden.

❗ Das Produkt mit dem höchsten db wird bis zur Absatzmenge produziert, dann das Produkt mit dem zweithöchsten db usw.

Beispiel

Kapazitätsgrenze: 20.000 Liter

	Apfelsaft	Birnensaft	Traubensaft
e	0,80 €	0,90 €	0,75 €
– k_v	0,35 €	0,40 €	0,35 €
= db pro Liter	**0,45 €**	**0,50 €**	**0,40 €**
Maximale Absatzmenge	13.000 l	10.000 l	4.000 l
Produzierte Menge	10.000 l	10.000 l	0 l
DB	**4.500,00 €**	**5.000,00 €**	**0,00 €**
DB_{gesamt}			9.500,00 €
– K_f			– 3.300,00 €
= BE			**= 6.200,00 €**

→ Produktionsreihenfolge: Birnensaft, Apfelsaft, Traubensaft

2.3 Entscheidung über Zusatzauftrag

- Ein **Zusatzauftrag** ist grundsätzlich **anzunehmen**, wenn der **Stückdeckungsbeitrag positiv** ist.

- Wie die Entscheidung über einen Zusatzauftrag ausfällt, hängt immer von den **Voraussetzungen** ab (z. B. Lieferverpflichtungen beachten!).

- In Abhängigkeit der Höhe des Stückdeckungsbeitrags reiht sich der Zusatzauftrag in die Rangfolge der Stückdeckungsbeiträge aller Produkte ein.

Beispiel

Ein Kunde möchte 2.000 l Birnensaft zum Sonderpreis von 0,87 €/l kaufen.

Fall 1: Kapazitäten frei (Annahme: 50.000 l)

	Apfelsaft	Birnensaft	Traubensaft	Zusatzauftrag
e	0,80 €	0,90 €	0,75 €	0,87 €
− k_v	0,35 €	0,40 €	0,35 €	0,40 €
= db pro Liter	**0,45 €**	**0,50 €**	**0,40 €**	**0,47 €**
Maximale Absatzmenge	13.000 l	10.000 l	4.000 l	2.000 l
Produzierte Menge	13.000 l	10.000 l	4.000 l	2.000 l
DB	**5.850,00 €**	**5.000,00 €**	**1.600,00 €**	**940,00 €**
DB_{gesamt}				13.390,00 €
− K_f				− 3.300,00 €
= BE				**= 10.090,00 €**

→ Sonderauftrag annehmen, wenn db > 0

Fall 2: Kapazitäten begrenzt (20.000 l)

	Apfelsaft	Birnensaft	Traubensaft	Zusatzauftrag
e	0,80 €	0,90 €	0,75 €	0,87 €
− k_v	0,35 €	0,40 €	0,35 €	0,40 €
= db pro Liter	**0,45 €**	**0,50 €**	**0,40 €**	**0,47 €**
Maximale Absatzmenge	13.000 l	10.000 l	4.000 l	2.000 l
Produzierte Menge	8.000 l	10.000 l	0 l	2.000 l
DB	**3.600,00 €**	**5.000,00 €**	**0,00 €**	**940,00 €**
DB_{gesamt}				9.540,00 €
− K_f				− 3.300,00 €
= BE				**= 6.240,00 €**

→ Sonderauftrag annehmen, da der DB des Zusatzauftrags größer ist als der DB bei einer möglichen zusätzlichen Produktion von 2000 l Apfelsaft (= 900 €) oder Traubensaft (= 800 €)

❗ Aufträge mit Lieferverpflichtungen sind immer vorrangig zu erfüllen, da sonst Vertragsstrafen drohen.

2.4 Entscheidungen der Preispolitik

- Die Deckungsbeitragsrechnung kann bei der Preisfestsetzung helfen.
- Wichtig ist die Berücksichtigung des **zeitlichen Aspekts:**

  – kurzfristige (= absolute) Preisuntergrenze:

  → die variablen Kosten müssen gedeckt sein

  → $e = k_v$ → DB = 0

Beispiel

e	0,40 €
− k_v	0,40 €
= db	**0,00 €**

  – langfristige Preisuntergrenze:

  → alle Kosten müssen gedeckt sein

  → $e = k$ → BE = 0

Beispiel

e	0,73 €
− k_v	0,40 €
= db	0,33 €
Prod. Menge	10.000 l
DB_{gesamt}	3.300,00 €
− K_f	3.300,00 €
= BE	**0,00 €**

3 Break-even-Analyse im Einproduktunternehmen

- **Break-even-Point (BEP; Gewinnschwellenmenge):** Ab welcher produzierten Menge erwirtschaftet die fruit AG einen Gewinn?

3.1 Ermittlung des BEP

- Beim Break-even-Point **entsprechen die Erlöse den Kosten.**
- Zur Berechnung benötigt man den **Stückdeckungsbeitrag.**

Formeln:

x_{BEP}	$= \dfrac{K_f}{db} = \dfrac{K_f}{e - k_v}$
Umsatz an der Gewinnschwelle	$= x_{BEP} \cdot e$

Beispiel

e	0,90 €
$- k_v$	0,40 €
$= db$	0,50 €
K_f	3.300,00 €

$x_{BEP} = \dfrac{K_f}{db} = \dfrac{3.300,00 \, €}{0,50 \, €/l} = \mathbf{6.600 \, l}$

$G \, (10.000 \, l) = E - K = 9.000,00 \, € - (4.000,00 \, € + 3.300,00 \, €)$
$= \mathbf{1.700,00 \, €}$

$g \, (10.000 \, l) = \dfrac{G}{x} = \dfrac{1.700,00 \, €}{10.000 \, l} = \mathbf{0,17 \, €/l}$

Umsatz an der Gewinnschwelle:
$U = x_{BEP} \cdot e = \mathbf{5.940,00 \, €}$

3.2 Darstellung des BEP

Gesamtbetrachtung

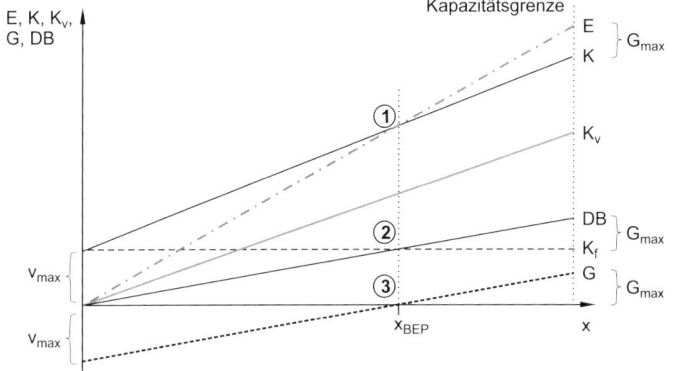

Ansatz 1	Ansatz 2	Ansatz 3
$E = K$	$DB = K_F$	Schnittpunkt G und x-Achse

Stückbetrachtung

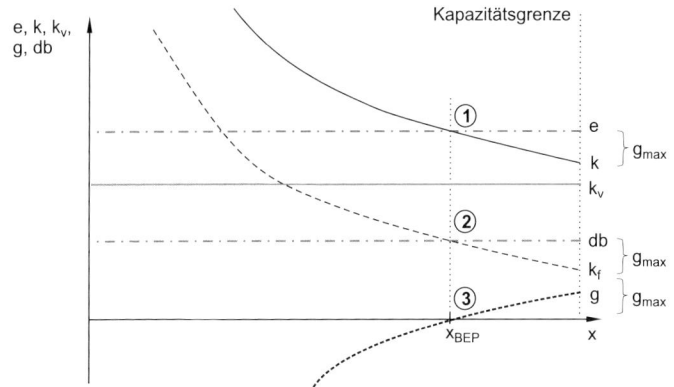

Ansatz 1	Ansatz 2	Ansatz 3
$e = k$	$db = k_f$	Schnittpunkt g und x-Achse

3.3 Einflussgrößen auf die Gewinnschwellenmenge

- Veränderungen der Gewinnschwellenmenge kann man sich anhand der Grafiken auf S. 73 gut verdeutlichen.

- Einflussgrößen ergeben sich aus der Formel: $\dfrac{K_f}{e-k_v}$

Veränderung des Preises (e)

Beispiel

Das Konsumverhalten der Kunden ändert sich.

	bisher	Preissteigerung	Preissenkung
e	0,90 €	1,00 €	0,80 €
– k_v	0,40 €	0,40 €	0,40 €
= db	0,50 €	0,60 €	0,40 €
K_f	3.300,00 €	3.300,00 €	3.300,00 €
BEP	6.600 l	▼ 5.500 l	▲ 8.250 l

Veränderung der variablen Kosten (k_v)

Beispiel

Der Preis der Birnen steigt/sinkt.

	bisher	k_v steigt	k_v sinkt
e	0,90 €	0,90 €	0,90 €
– k_v	0,40 €	0,45 €	0,35 €
= db	0,50 €	0,45 €	0,55 €
K_f	3.300,00 €	3.300,00 €	3.300,00 €
BEP	6.600 l	▲ 7.333 l	▼ 6.000 l

Veränderung der fixen Kosten (K_f)

Beispiel

Die Mietkosten steigen/sinken.

	bisher	K_f steigt	K_f sinkt
e	0,90 €	0,90 €	0,90 €
– k_v	0,40 €	0,40 €	0,40 €
= db	0,50 €	0,50 €	0,50 €
K_f	3.300,00 €	3.600,00 €	3.000,00 €
BEP	6.600 l	▲ 7.200 l	▼ 6.000 l

4 Mehrstufige Deckungsbeitragsrechnung

→ **Ziel:** Entscheidung über Einstellung oder Förderung eines Produktes bei Zwei- oder Mehrproduktunternehmen

- Es erfolgt eine Unterteilung in **erzeugnisfixe** und **unternehmensfixe** Kosten:
  - **erzeugnisfixe Kosten** ($K_{erzeugnisfix}$) = Fixkosten, die dem Produkt direkt zugeordnet werden können
  - **unternehmensfixe Kosten** ($K_{unternehmensfix}$) = Fixkosten, die für alle Produkte anfallen
- Die Berechnung erfolgt stufenweise:

Produkt A	Produkt B	Produkt C	Gesamt
E	E	E	E
$- K_v$	$- K_v$	$- K_v$	$- K_v$
= DB I	= DB I	= DB I	= DB I
$- K_{erzeugnisfix}$	$- K_{erzeugnisfix}$	$- K_{erzeugnisfix}$	$- K_{erzeugnisfix}$
= DB II	= DB II	= DB II	= DB II
			$- K_{unternehmensfix}$
			= BE

Beispiel

	Birnensaft	Apfelsaft	Traubensaft	Gesamt
E	9.000,00 €	10.300,00 €	3.000,00 €	22.300,00 €
− K_v	4.000,00 €	4.450,00 €	1.400,00 €	9.850,00 €
= DB I	5.000,00 €	5.850,00 €	1.600,00 €	12.450,00 €
− $K_{erzeugnisfix}$	2.300,00 €	2.700,00 €	2.000,00 €	7.000,00 €
= DB II	2.700,00 €	3.150,00 €	− 400,00 €	5.450,00 €
− $K_{unternehmensfix}$				3.300,00 €
= BE				2.150,00 €

Entscheidung über Weiterproduktion oder Einstellung

- Solange **DB II positiv** ist, wird das Produkt beibehalten.

- Falls **DB II negativ** ist (wie beim Traubensaft), muss untersucht werden, inwieweit die Erzeugnisfixkosten abbaubar sind; dabei gibt es zwei Optionen:

  – **Fortführung**, wenn DB I > abbaubare Erzeugnisfixkosten
  → $K_{erzeugnisfix}$ kann nicht um mindestens 1.600,00 € (= DB I) abgebaut werden → Traubensaft weiterproduzieren

  – **Einstellung**, wenn DB I ≤ abbaubare Erzeugnisfixkosten
  → $K_{erzeugnisfix}$ kann um mindestens 1.600,00 € abgebaut werden → Traubensaft einstellen

5 Entscheidung über Eigenfertigung oder Fremdbezug

- Entscheidungen über mögliches **Outsourcing** sind in vielen Firmen an der Tagesordnung.

- Bei der Entscheidung spielt es eine große Rolle, ob sich die Fixkosten durch einen möglichen Fremdbezug ändern oder nicht; daraus ergeben sich **zwei Szenarien** und Vorgehensweisen:

K_f <u>ändert</u> <u>sich</u> durch Fremdbezug <u>nicht</u>	K_f <u>ändert</u> <u>sich</u> durch Fremdbezug
$\text{Preis}_{fremd} > k_v$ → Eigenfertigung $\text{Preis}_{fremd} < k_v$ → Fremdfertigung	Kritische Menge: $$x_{krit} = \frac{K_{f,\,Eigen} - K_{f,\,Fremd}}{p_{fremd} - k_v}$$ $x_{krit} <$ produzierte Menge → Eigenfertigung $x_{krit} >$ produzierte Menge → Fremdfertigung

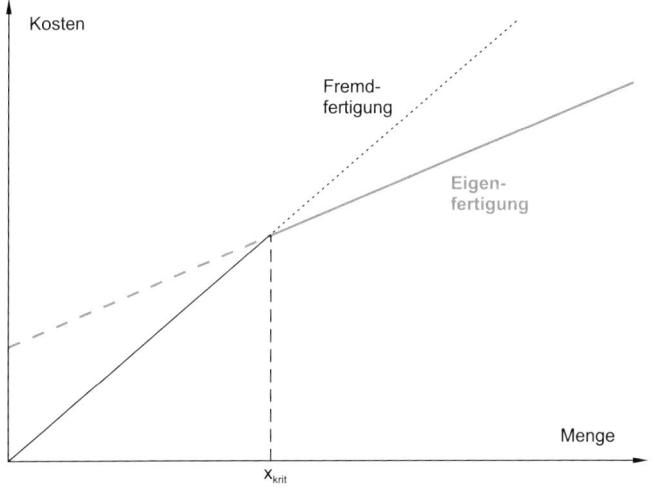

6 Entscheidung über optimales Produktionsprogramm

6.1 Engpässe in der Fertigung

- Die **Produktionsmengen** sind durch die Laufzeit der Maschinen **beschränkt** → es kann zu Engpässen kommen.
- Im Sinne des optimalen Produktionsprogramms gibt der **relative Stückdeckungsbeitrag** die Produktionsreihenfolge vor.

Formel:

$$\text{relativer Stückdeckungs-beitrag } (db_{rel.}) = \frac{db}{\text{Fertigungszeit der Maschine}}$$

Beispiel

	Apfelsaft	Birnensaft	Traubensaft
db pro Liter	0,45 €	0,50 €	0,40 €
Fertigungszeit Maschine 1 pro Liter	0,2 min	0,3 min	0,4 min
Fertigungszeit Maschine 2 pro Liter	0,6 min	0,4 min	0,4 min
Absatzmenge	13.000 l	10.000 l	4.000 l

Benötigte Fertigungszeit **Maschine 1**:
0,2 min/l · 13.000 l + 0,3 min/l · 10.000 l + 0,4 min/l · 4.000 l = **7.200 min**
→ Annahme: max. **Laufzeit Maschine 1 = 9.000 min** → **kein Problem!**

Benötigte Fertigungszeit **Maschine 2**:
0,6 min/l · 13.000 l + 0,4 min/l · 10.000 l + 0,4 min/l · 4.000 l = **13.400 min**
→ Annahme: max. **Laufzeit Maschine 2 = 12.000 min** → **Problem!**

Lösung: rel. Stückdeckungsbeitrag

Der Stückdeckungsbeitrag wird durch die Fertigungszeit auf der Engpassmaschine geteilt.

	Apfelsaft	Birnensaft	Traubensaft
rel. db	0,75 € /min	1,25 € /min	1,00 € /min
Rangfolge der Produktion	III	I	II

→ Produktionsprogramm

	Produzierte Menge	DB	Rest Maschine 2
1. Birnensaft	10.000 l	5.000,00 €	8.000 min
2. Traubensaft	4.000 l	1.600,00 €	6.400 min
3. Apfelsaft	10.666 l	4.799,70 €	0 min

6.2 Engpässe in der Beschaffung

• Bei der **Beschaffung** von z. B. Zucker als Fertigungsmaterial können ebenfalls Engpässe auftreten.

• Auch in diesem Fall gibt der **relative Stückdeckungsbeitrag** die Produktionsreihenfolge vor.

Beispiel

	Apfelsaft	Birnensaft	Traubensaft
db pro Liter	0,45 €	0,50 €	0,40 €
Verbrauch von Zucker pro l	80 g	120 g	100 g
Absatzmenge	13.000 l	10.000 l	4.000 l

Benötigter Zucker: 1.040.000 g + 1.200.000 g + 400.000 g = 2.640.000 g

→ **Problem: Es können nur 2.000.000 g Zucker beschafft werden.**

Lösung: rel. Stückdeckungsbeitrag

	Apfelsaft	Birnensaft	Traubensaft
rel. db	0,0056 €/g	0,0042 €/g	0,0040 €/g
Rangfolge der Produktion	I	II	III

→ Produktionsprogramm

	Produzierte Menge	DB	Rest Zucker
1. Apfelsaft	13.000 l	5.850,00 €	960.000 g
2. Birnensaft	8.000 l	4.000,00 €	0 g
3. Traubensaft	0 l	0,00 €	0 g

Marketingprozesse planen und steuern

Aufgabe: Planung und Kontrolle der Unternehmensaktivitäten durch den zielkonformen Einsatz der Marketinginstrumente (Produktpolitik, Preispolitik, Kommunikationspolitik/Werbung, Distributionspolitik)

→ **Ziel:** Verbesserung der eigenen Marktposition und Steigerung des Gewinns (mittel- bis langfristig)

1 Marketingmix

- **Marketingmix** = optimale Kombination und Gestaltung der absatzpolitischen Instrumente, durch die der Absatz maximiert werden soll
- Es gibt vier Gruppen von **Marketinginstrumenten:**

- Wie der Maketingmix kombiniert wird, hängt unter anderem davon ab, in welcher Phase des **Produktlebenszyklus** (vgl. S. 91) sich ein Produkt befindet und welchen **Marktanteil** bzw. welche **Marktwachstumsaussichten** (vgl. S. 92) es vorweisen kann.

1.1 Produktpolitik

- In erster Linie muss ein Produkt für den Kunden **nützlich** sein, um am Markt Erfolg zu haben: Mithilfe von **Marktforschung** sammeln Unternehmen Informationen, welche Funktionen eines Produktes bzw. welche Produkte allgemein für die Kunden interessant sind.

- Gut vermarkten lassen sich Produkte mit **Alleinstellungsmerkmal**; es muss zu erkennen sein, warum das Produkt besser ist als andere.

- Bei der Ansprache der Kunden spielen auch die **Verpackung**, die **Marke** und der angebotene **Service** eine Rolle: Bekannte bzw. als „angesagt" geltende Marken haben es leichter; zudem kann die Verpackung z. B. auf Produktmerkmale (z. B. Ökosiegel) hinweisen.

- Bei der Gestaltung des Absatzprogramms ist zu entscheiden, welche Produkte **neu (Produktinnovation)** auf den Markt kommen, welche **Anpassungen (Produktvariation)** vorzunehmen sind und ob ein Produkt **aus dem Programm** zu nehmen (**Produktelimination**) ist.

1.2 Distributionspolitik

- Die Distributionspolitik ist dafür verantwortlich, auf welchen **Wegen** die Produkte zu den Kunden kommen.
- Außerdem wird festgelegt, ob **eigene** (Reisende) oder **fremde** (Handelsvertreter) **Absatzorgane** zum Einsatz kommen.

Absatzwege

- **Direkter Absatz** = unmittelbarer Kontakt von Produzent und Endkäufer
- **Indirekter Absatz** = Kontakt unter Einschaltung von Absatzmittlern (z. B. Großhändler) oder Kooperationspartnern (z. B. Franchise)

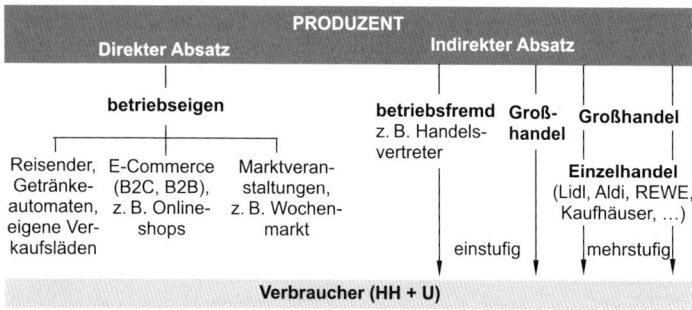

Vergleich Reisender und Handelsvertreter

Reisender	Handelsvertreter
Rechtliche Stellung	
Angestellter (Außendienstmitarbeiter) des Unternehmens	**Selbstständiger Kaufmann** nach HGB (vgl. § 84 I 2 HGB)
Tätigkeit	
Vertragsabschlüsse / Geschäfte im Namen und auf Rechnung des Unternehmens	Vermittlung von Vertragsabschlüssen / Geschäften im Namen der zu vertretenden Unternehmen (mehrere, aber **keine Konkurrenten**)

Reisender	Handelsvertreter
Vergütung	
• Gehalt (Fixum)	• Provision (meist etwas höher)
• Umsatzbeteiligung (Provision)	• zum Teil Zahlung einer fixen
• zusätzlich z. B. Firmenwagen, Notebook	Aufwandsentschädigung
Weisungsgebunden?	
Ja,	**Nein,**
• direkt weisungsgebunden	• nur bestimmte Anweisungen des Auftraggebers
• Vermittlungs- oder Abschlussvollmacht	• selbstbestimmte Arbeitszeit
	• freie Gestaltung
Vorteile	
• Weisungsgebundenheit	• geringe Kosten bei geringem Umsatz, da keine/kaum Fixkosten
• gute Produktkenntnisse	• keine Lohnnebenkosten
• gezielte Kundenpflege durch direkten Kundenkontakt und Verkaufsförderung	• Erschließung neuer Absatzgebiete
• Konzentration auf den Absatz der unternehmenseigenen Produkte	• u. U. objektiver und glaubwürdiger, da unabhängig von Produkten eines Unternehmens
Nachteile	
• Fixkosten (Gehalt)	• Fokus auf umsatzstarke Produkte
• hohe Kosten auch bei geringem Umsatz	• weniger vertiefte Kenntnisse, v. a. bei stark erklärungsbedürftigen Produkten (z. B. technisch anspruchsvoll)
• evtl. Motivationsdefizit aufgrund des sicheren Fixums	• meist noch für andere Unternehmen tätig

Formeln:

$K_{Reisender}$	$= K_f + K_v = K_f + \text{Umsatz} \cdot \text{Provision in } \% / 100$
$K_{Handelsvertreter}$	$= \text{Umsatz} \cdot \text{Provision in } \% / 100$

1.3 Kontrahierungspolitik

- Kontrahierungspolitik umfasst alle Entscheidungen, die Einfluss auf den Preis und die Konditionen nehmen, mit dem Ziel, den Absatz zu fördern (**Preispolitik und Konditionenpolitik**).
- Bei der Preisfestlegung können verschiedene **Strategien** gewählt werden; dabei kommen **Festpreisstrategien** und **Preisabfolgestrategien** zum Einsatz, wobei die Menge der Nachfrager, der Produktlebenszyklus und weitere Faktoren eine Rolle spielen (vgl. S. 91 ff.).

❗ Die Konditionenpolitik ergänzt die Preispolitik; sie umfasst v. a. Regelungen der Liefer- und Zahlungsbedingungen (z. B. versicherter Versand, Transportkosten, Skonto, Raten- und Barzahlung).

Preispolitische Strategien

Festpreisstrategien		
Hochpreispolitik (= Premium-strategie)	**Mittelpreisstrategie**	**Niedrigpreispolitik (= Promotions-strategie)**
Beschreibung:	**Beschreibung:**	**Beschreibung:**
Preis im Vergleich zu Konkurrenzprodukten hoch → im Fokus steht das Produkt, nicht der Preis	durchschnittliche Produktqualität zu durchschnittlichen Preisen	Preis im Vergleich zu Konkurrenzprodukten niedrig → im Fokus steht der Preis, nicht das Produkt
• spricht Kunden mit sehr hohem Qualitätsbewusstsein an • nutzen Unternehmen mit hoher Qualität bei Produkten und Service	• spricht Kunden an, die zwar qualitätsbewusst sind, aber nicht um jeden Preis	• spricht sehr preisbewusste Kunden an

Preisabfolgestrategien	
Skimmingstrategie **(= Abschöpfungsstrategie)**	**Penetrationsstrategie** **(= Marktdurchdringungs-** **strategie)**
Beschreibung:	**Beschreibung:**
hoher Preis bei Markteinführung, der mit zunehmender Markter-schließung und Konkurrenz-eintritt gesenkt wird	niedriger Preis bei Marktein-führung, der später schrittweise erhöht wird
• verwenden v. a. Unternehmen mit innovativen Produkten • zunächst sollte es kaum Ersatzprodukte geben • Deckung der Forschungs- und Entwicklungskosten ist schnell erreicht • hohe Nachfrage sollte vorhanden sein • für Produkte mit kurzem Pro-duktlebenszyklus geeignet	• hoher Marktanteil soll erreicht werden • Ziel ist, dass Kunden aufgrund des niedrigen Preises vom Ersatzprodukt zum eigenen Produkt wechseln • Konkurrenten sollen durch niedrigen Preis (Markteintritts-barriere) abgeschreckt werden

Preisdifferenzierung

Ein identisches Produkt wird bei gleichen Kosten zu unterschiedlichen Preisen angeboten. Dabei wird unterschieden zwischen **zeitlicher**, **räumlicher**, **personeller** und **mengenmäßiger** Preisdifferenzierung:

1. Zeitliche Preisdifferenzierung

• Produkte werden zu **verschiedenen Zeiten** zu **unterschiedlichen Preisen** angeboten.

• **Beispiel:** In den Wintermonaten kosten die Fruchtsäfte mehr, da das Angebot an Früchten zur Herstellung geringer ist.

• **Ziel:**
  – Ausgleich von schwankender Auslastung der Produktionskapazität

2. Räumliche Preisdifferenzierung

- Es liegen unterschiedliche Preise für verschiedene Teilmärkte vor.
- **Beispiel:** In Bulgarien verlangt die fruit AG pro Liter Apfelsaft weniger, da die Kaufkraft der Verbraucher geringer ist.
- **Ziele:**
  - Berücksichtigung unterschiedlicher Kaufkraft
  - Berücksichtigung der Konkurrenzsituation verschiedener Räume

3. Personelle Preisdifferenzierung

- Es liegen unterschiedliche Preise für unterschiedliche Abnehmergruppen vor (z. B. sozio-ökonomische, demografische Abgrenzung).
- **Beispiel:** Der Preis der Fruchtsäfte beim Pausenverkauf in den ortsansässigen Schulen ist niedriger. Ebenso können die Mitarbeiter der fruit AG die Getränke verbilligt kaufen.
- **Ziele:**
  - Förderung des Betriebsklimas (Mitarbeiter der fruit AG)
  - langfristige Bindung an das Unternehmen
  - Berücksichtigung der unterschiedlichen Kaufkraft (Schüler)

4. Preisdifferenzierung nach Abnahmemenge

- Bei größeren Abnahmemengen wird zu geringeren Preisen verkauft.
- **Beispiel:** Ein Kunde der fruit AG bekommt einen Großkundenrabatt.
- **Ziele:**
  - Absatz höherer Mengen
  - Kostendegressionseffekte
  - langfristige Bindung von Kunden
  - Zufriedenstellen von wichtigen/großen Kunden

Preisfindung

- Wenn eine preispolitische Strategie gewählt wurde, muss der **Preis festgesetzt** werden.

- Dabei spielen insbesondere **drei Entscheidungskriterien** eine Rolle, an denen sich ein Unternehmen orientieren kann:

Kostenorientiert	Nachfrageorientiert	Konkurrenzorientiert
→ Preis orientiert sich an den Kosten	→ Preis orientiert sich an der Preisvorstellung des Kunden	→ Preis orientiert sich an den Preisen der Konkurrenz

1. Kostenorientierte Preispolitik

- Die Kosten werden mithilfe der Voll- und Teilkostenrechnung ermittelt und die Preise orientieren sich an diesen.

- Es werden die kurz- und die langfristige Preisuntergrenze ermittelt.

2. Nachfrageorientierte Preispolitik

- Die Preise werden mithilfe von Informationen (Marktforschung, Marktanalyse, Preis-Absatz-Funktion) über das Nachfrageverhalten festgelegt.

- Wichtige Fragen:
  - Wie viel sind die Kunden bereit zu zahlen?
  - Bei welchem Preis ist der Gewinn maximal?
  - Ggf.: Welchen Preis ist welcher Kunde bereit zu zahlen?
    (Vgl. Preisdifferenzierung, S. 86)

3. Konkurrenzorientierte Preispolitik

- Die Preise werden mit Blick auf die Konkurrenz festgelegt: Der Preis kann niedriger, gleich oder höher angesetzt werden.

- Der gleiche Preis wird v. a. bei homogenen Gütern eingesetzt (Branchenpreis).

1.4 Kommunikationspolitik

- Zur Kommunikationspolitik zählen Marketingmaßnahmen, die dazu beitragen, dass ein Unternehmen seine Produkte **in der Öffentlichkeit bekannt macht.**

- Unternehmen sollten sich v. a. folgende Fragen stellen:
  - Was wollen wir mitteilen?
    → **Kommunikationsobjekt** (Produkt, Unternehmen)
  - Wer soll erreicht werden/welche Zielgruppe?
    → **Kommunikationssubjekt** (Kinder, Männer, Frauen, Sportler)
  - Wie soll die Kommunikation gestaltet sein?
    → **Kommunikationsprozess**

- **Typische Kommunikationsformen** sind die klassische Werbung, PR-Maßnahmen, Sales Promotion, Social-Media-Marketing und Sensation Marketing.

- In der klassischen Werbung ist ein Ansatz von Bedeutung, der diese in vier idealtypische Phasen gliedert; er kann bei jeder Werbemaßnahme berücksichtigt werden:

AIDA-Ansatz:

1. Attention (Aufmerksamkeit wecken)
2. Interest (Interesse für das Produkt erreichen, Ansprechen von Bedürfnissen des Konsumenten)
3. Desire (Kaufwunsch wecken)
4. Action (handeln: Produkt kaufen)

KOMMUNIKATIONSPOLITIK

Werbung

→ Kunden mittelbar durch Werbemedien Informationen über Eigenschaften und Bezugsbedingungen vermitteln

Beispiele

- Plakate
- Anzeigen
- Presseberichte
- Werbespots im Radio
- TV-Werbung

Public Relations (Öffentlichkeitsarbeit)

→ Pflege und Verbesserung der Beziehungen zur Öffentlichkeit, um

- das Image zu verbessern
- zu informieren
- den Absatz zu fördern
- neue Kontakte zu knüpfen

Beispiele

- Publikationen in Zeitungen und Zeitschriften
- betriebliche Veranstaltungen (Tag der offenen Tür, Ausstellungen)
- Sponsoring
- Presseberichte

Sales Promotion (Verkaufsförderung)

→ Aktivitäten zur Erhöhung des Absatzes am PoS (Point of Sale), Auslösung von Kaufreizen

Beispiele

- Handelspromotion (Dealer Promotion), z. B. Material für Schaufenster, Informationen und Beratung des Handels
- Konsumentenpromotion (Consumer Promotion) z. B. Sonderangebote, Coupons, Gewinnspiele, Warenproben
- Außendienstpromotion (Staff Promotion), z. B. Schulungen, Prämien, Wettbewerbe

Social-Media-Marketing

→ soziale Medien als Werbeträger (z. B. Facebook, Twitch, YouTube, Blogging, LinkedIn, Twitter)

Beispiele

- Blogeinträge
- Pinnwandeinträge
- Media Sharing (Twitch, YouTube)
- Cookies

Sensation Marketing

→ eine Form des Guerilla Marketings, bei der eine eigens inszenierte und außergewöhnliche Aktion in der Öffentlichkeit durchgeführt wird

→ Ziel: Rezipient verbreitet durch virales Marketing (Mund-zu-Mund) das Erlebnis

Beispiele

- großflächige Maßnahmen
- optische Täuschungen
- Einbezug des Kunden in das Marketing-Erlebnis ohne eigenes Wissen

Beispiel

Sensation Marketing: Gillette spielt mit seiner Aktion darauf an, dass sie für glatte Flächen sorgen, egal ob auf der Haut oder auf der Eisfläche. An der Eisbearbeitungsmaschine ist hinten ein überdimensionaler Rasierer befestigt, sodass der Eindruck entsteht, der Rasierer würde die glatte Eisfläche erzeugen.

Quelle: © *Gillette*

2 Analyseinstrumente

2.1 Produktlebenszyklus

- Der Produktlebenszyklus zeigt an, in welcher **Phase seines „Lebens"** sich ein Produkt befindet und wie sich **Umsatz** und **Gewinn** in dieser Phase **idealtypisch** verhalten.

- **Marketinginstrumente** müssen immer mit Blick auf den Produktlebenszyklus eingesetzt werden.

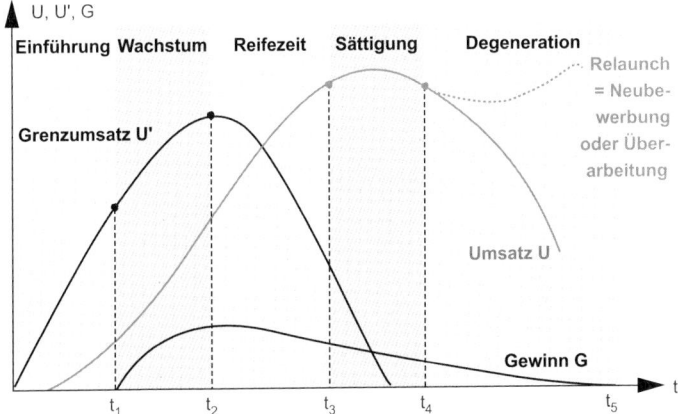

Merkmale der einzelnen Phasen

- **Einführung**
- hohe Kosten für Werbung
- langsam steigender Umsatz
- i. d. R. Verlust
- Aufbau von Vertriebswegen

- **Wachstum**
- steigender Absatz
- stark steigender Umsatz
- Fixkostendegression
- maximaler Gewinn
- Ausbau von Vertriebswegen
- Markteintritt von Konkurrenten

- **Reifezeit**
- steigende Stückkosten (Produktdifferenzierung sinnvoll)
- abnehmender Grenzumsatz
- langsamer Gewinnrückgang
- steigender Preisdruck (Konkurrenz)

- **Sättigung**
  - sinkender Umsatz
  - steigende Stückkosten
    (Produktvariation sinnvoll)

  - schwache Wettbewerber
    werden aus dem Markt
    verdrängt

- **Degeneration**
  - stark sinkender Umsatz
  - Gewinn gegen 0, ggf. Verlust

  - Ausrichtung auf neue Produkte

2.2 Marktwachstums-Marktanteil-Portfolio

- Das Marktwachstums-Markanteil-Portfolio ist eine **Vier-Felder-Matrix**, in die **strategische Geschäftseinheiten** (Teilbereiche von Unternehmen) einsortiert werden.

- Auf der horizontalen Achse wird der **relative Marktanteil** der SGE gezeigt (relativer Marktanteil > 1 → Marktführerschaft).

- Auf der vertikalen Achse wird das **Marktwachstum** angezeigt.

- **Ziel** eines jeden Unternehmens ist eine **ausgeglichene Verteilung** der Produkte.

- Je nachdem, in welchem der Felder sich eine SGE befindet, werden **unterschiedliche Strategien** empfohlen.

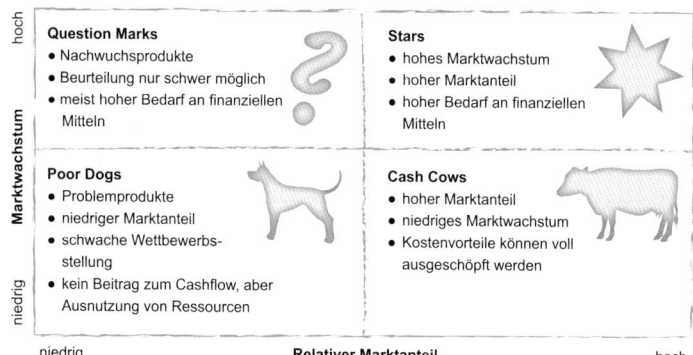

Formeln:

Relativer Marktanteil	$= \dfrac{\text{eigener absoluter Marktanteil}}{\text{absoluter Marktanteil des größten Konkurrenten}}$
Marktwachstum	$= \dfrac{\text{Marktvolumen (neu)} - \text{Marktvolumen (alt)}}{\text{Marktvolumen (alt)}}$

Strategien

hoch

Question Marks

- Offensivstrategie: Durch Investitionen wird versucht, den Wettbewerbsvorteil zu stärken. Die Finanzierung erfolgt durch Cash-Cow-Produkte. Question Marks entwickeln sich somit weiter zu Stars.
- Defensivstrategie: Werden keine Chancen für künftige Erfolge gesehen, so wird nichts investiert. Die Entwicklung geht in Richtung Poor Dogs.

Stars

- Investitionsstrategie: Durch Investitionen wird versucht, die Position als Marktführer auf einem schnell wachsenden Markt auszubauen. Die daraus entstehenden Wettbewerbsvorteile sollten konsequent genutzt werden. Die Finanzierung erfolgt aus dem Überschuss der Cash-Cow-Produkte oder aus dem eigenen Überschuss. Stars entwickeln sich zumeist zu Cash-Cow-Produkten weiter.

Marktwachstum

Poor Dogs

- Vorsichtige Investitionsstrategie (Cinderellas): geringe Investitionen, um Produkte zu Nachwuchsprodukten zu entwickeln
- Haltestrategie: minimale Investitionen, um Produkte so lange auf dem Markt zu halten, wie positive Deckungsbeiträge erzielt werden
- Desinvestitionsstrategie (Schrott): Werden keine positiven Deckungsbeiträge mehr erzielt, wird das Produkt vom Markt genommen.

Cash Cows

- Abschöpfungsstrategie: Durch geringe Investitionen kann die Position als Marktführer gehalten werden. Dadurch können Überschüsse abgeschöpft und in andere Produkte (Question Marks, Stars) investiert werden. Cash Cows sollten dazu etwa 30 bis 60 % des Gesamtumsatzes umfassen.

niedrig

niedrig   **Relativer Marktanteil**   hoch

Jahresabschlussarbeiten durchführen

Aufgabe: Dokumentation und komprimierte Zusammenfassung aller wirtschaftlichen Vorgänge/Geschäftsvorfälle eines Unternehmens

1 Anschaffungskosten, Herstellungskosten und beizulegender Wert

1.1 Bewertungsgrundsätze

- Die Bewertungsgrundsätze sollen nach dem **Vorsichtsprinzip** dem **Gläubigerschutz** dienen:

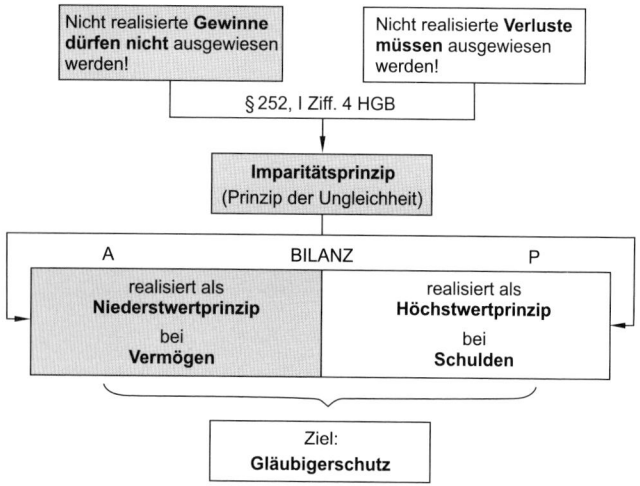

Wichtige Bewertungsgrundsätze

- **Anschaffungskostenprinzip:** Die Anschaffungs- bzw. Herstellkosten bilden gemäß § 253 I 1 HGB die Wertobergrenze.

- **Realisationsprinzip:** Wertsteigerungen von Vermögen dürfen erst als Ertrag erfasst werden, wenn sie realisiert sind.

- **Strenges Niederstwertprinzip:** Bei der Bewertung von Umlaufvermögen ist ein niedrigerer Tageswert im Vergleich zu den fortgeführten Anschaffungskosten immer anzusetzen (§ 253 IV HGB).

- **Gemildertes Niederstwertprinzip:** Bei der Bewertung von Anlagevermögen (AV) wird bei voraussichtlich **dauernder Wertminderung** der niedrigere Tageswert angesetzt, bei voraussichtlich **vorübergehender Wertminderung** wird mit den fortgeführten Anschaffungskosten bewertet (§ 253 III HGB).

- **Höchstwertprinzip:** Bei Erhöhung des Rückzahlungsbetrags sind Schulden mit dem entsprechend höheren Betrag zu bewerten.

- **Wertaufholungsprinzip:** Wenn der Grund für eine außerplanmäßige Abschreibung entfällt, ist eine Wertaufholung durchzuführen.

1.2 Herstellungskosten

Berechnung der Herstellungskosten

Berechnung	Beispiele	
Materialeinzel-kosten (FM)	Fertigungsmaterial (Rohstoffe, Hilfsstoffe, Fremdbauteile)	
+ Materialgemein-kosten (MGK)	Lagerkosten, Beschaffungskosten (Transport- und Fracht-kosten), Prüfkosten	
+ Fertigungs-einzelkosten (FL)	Fertigungslöhne (einschl. Prämien und Zulagen)	**Aktivierungs-pflicht**
+ Fertigungs-gemeinkosten (FGK)	Raumkosten, Betriebsstoffe, Verwaltung	
+ Sondereinzel-kosten der Fertigung (SEKF)	Modelle, Konstruktions-pläne, Spezialwerkzeuge, Entwicklungskosten	

| + Werteverzehr des Anlagevermögens | planmäßige Abschreibungen, soweit der Werteverzehr durch die Fertigung der Erzeugnisse veranlasst ist (→ keine außerplanmäßigen Abschreibungen) | **Aktivierungs-pflicht** |

Wertuntergrenze

+ Kosten der allgemeinen Verwaltung (VwGK)	Verwaltungsgemeinkosten, z. B. Gehälter der Mitarbeiter der Personalverwaltung, Kosten der Ausbildung	
+ Aufwendungen für freiwillige soziale Leistungen	z. B. Weihnachts-/Urlaubs-geld, Jubiläumsgeschenke	
+ Aufwendungen für soziale Einrichtungen	Betriebskantine, Betriebs-kindergarten, Sport- und Freizeiteinrichtungen	**Aktivierungs-wahlrecht**
+ Kosten für be-triebliche Alters-versorgung	Pensionsrückstellungen	
+ Fremdkapital-zinsen zur Herstellungs-finanzierung	Fremdkapitalzinsen, die auf den Zeitraum der Herstellung entfallen und dem Produkt direkt zurechenbar sind	

Wertobergrenze

Vertriebskosten	Kosten für Werbung, Versand, Fracht, Provisionen	
Forschungskosten	z. B. wissenschaftliche/technische Experimente	**Aktivierungs-verbot**
Allgemeine Fremd-kapitalzinsen	z. B. Kontokorrentkredit	

Herstellungskosten = § 255 II HGB: „Herstellungskosten sind die Aufwendungen, die durch den Verbrauch von Gütern und die Inanspruchnahme von Diensten für die Herstellung eines Vermögensgegenstands, seine Erweiterung oder für eine über seinen ursprünglichen Zustand hinausgehende wesentliche Verbesserung entstehen. Dazu gehören Materialkosten, die Fertigungskosten und die Sonderkosten der Fertigung sowie angemessene Teile der Materialgemeinkosten, der Fertigungsgemeinkosten und des Werteverzehrs des Anlagevermögens, soweit dieser durch die Fertigung veranlasst ist. Bei der Berechnung der Herstellungskosten dürfen angemessene Teile der Kosten der allgemeinen Verwaltung sowie angemessene Aufwendungen für soziale Einrichtungen des Betriebs, für freiwillige soziale Leistungen und für die betriebliche Altersversorgung einbezogen werden, soweit diese auf den Zeitraum der Herstellung entfallen. Forschungs- und Vertriebskosten dürfen nicht einbezogen werden."

Beispiel

FM	1.800,00 €
+ MGK	900,00 €
+ FL	80,00 €
+ FGK	1.000,00 €
+ SEKF	50,00 €
= HK **(Wertuntergrenze)**	3.830,00 €
+ VwGK	57,48 €
= HK **(Wertobergrenze)**	3.887,48 €

→ Niedrigerer Gewinnausweis
→ z. B. Steuerersparnis

→ Höherer Gewinnausweis
→ z. B. verglichen: höhere Steuern; u. U. bessere Kreditwürdigkeit

1.3 Anschaffungskosten

Anschaffungskosten = § 255 I 1 HGB: „Anschaffungskosten sind die Aufwendungen, die geleistet werden, um einen Vermögensgegenstand zu erwerben und ihn in einen **betriebsbereiten Zustand** zu versetzen."

Berechnungsschema	Beispiel
Anschaffungspreis	Kaufpreis (netto)
– Anschaffungspreis- minderungen	Rabatte (z. B. Mengen-, Treuerabatte)
+ Anschaffungsnebenkosten	• Transportkosten • Montagekosten • Verkaufsprovisionen • Notar- und Gerichtskosten • Einfuhrabgaben • Grunderwerbsteuer
+ nachträgliche Anschaffungskosten	• Abnahmekosten (z. B. TÜV) • Erschließungskosten • nötiger Um- oder Ausbau
– nachträgliche Anschaf- fungspreisminderungen	• Skonti • Boni • Kaufpreisminderungen aufgrund von Sachmängeln
= Anschaffungskosten (AK)	

❗ Die Grundsteuer und die Finanzierungskosten (z. B. Kreditzinsen) gehören nicht zu den Anschaffungskosten.

Beispiel

Die fruit AG kauft am 04.09. eine Etikettiermaschine für 155.000,00 € netto. Dabei fallen Kosten i. H. v. 3.000,00 € für den Transport, sowie 4.500,00 € für die Inbetriebnahme der Maschine an.

Anschaffungspreis	155.000,00 €
+ Transportkosten	3.000,00 €
+ Inbetriebnahme	4.500,00 €
= Anschaffungskosten	162.500,00 €

• **Beizulegender Wert:** Ist ein Markt-/Börsenpreis nicht festzustellen, so ist der Vermögensgegenstand nach bestem Wissen und Gewissen zu schätzen (i. d. R. Orientierung an Wiederbeschaffungswert).

2 Bewertung des abnutzbaren und nichtabnutzbaren Sachanlagevermögens

- Je nachdem, ob Sachanlagevermögen **abnutzbar** (z. B. Maschinen) oder **nicht abnutzbar** (Grundstücke) ist, wird entweder planmäßig abgeschrieben (abnutzbar) oder nicht.

- Abnutzbares Anlagevermögen wird höchstens zu den **fortgeführten Anschaffungs- oder Herstellungskosten** angesetzt (§ 253 HGB):

  **Anschaffungs- oder
  Herstellungskosten**

  – Planmäßige Abschreibung
  (linear; § 253 III HGB)

  = **Fortgeführte Anschaffungs-
  oder Herstellungskosten**

- Beim Anlagevermögen gilt das **gemilderte Niederstwertprinzip:** Bei voraussichtlich dauernder Wertminderung wird außerplanmäßig abgeschrieben, bei voraussichtlich vorübergehender Wertminderung wird mit den (fortgeführten) Anschaffungskosten bewertet.

2.1 Planmäßige Abschreibung (abnutzbares AV)

- Abnutzbares Anlagevermögen wird planmäßig abgeschrieben, d. h., die **Wertminderung** darf in der Gewinn- und Verlustrechnung als **Aufwand** verbucht werden.

- Bei der **linearen Abschreibung** werden die Anschaffungs- bzw. Herstellungskosten gleichmäßig auf die Nutzungsjahre verteilt.

- Im Anschaffungsjahr wird der Abschreibungsbetrag **anteilig nach Monaten** berechnet; der Anschaffungsmonat wird dazugerechnet.

Beispiel

Die Etikettiermaschine hat laut AfA-Tabelle eine Nutzungsdauer von 5 Jahren; gekauft am 04.09.; AK: 162.500,00 €.

Planmäßige Abschreibung im 1. Jahr (linear):
6520 ABSA   10.833,33 €   an   0720 FMA   10.833,33 €

Entsprechendes Konto des AV

Formeln:

Abschreibungs-satz	$= \dfrac{100\,\%}{\text{Nutzungsdauer}}$
AfA-Betrag	$= \dfrac{\text{AK bzw. HK}}{\text{Nutzungsdauer}}$ oder $= \text{AK bzw. HK} \cdot \text{Abschreibungssatz}$
AfA im Anschaf-fungsjahr	$= \dfrac{\text{AfA-Betrag} \cdot \text{Nutzungsd. im 1. Jahr (Mon.)}}{12\,\text{Monate}}$

Berechnungen:

Abschreibungssatz $= \dfrac{100\,\%}{5\,\text{Jahre}} = \mathbf{20\,\%}$

AfA-Betrag $= \dfrac{162.500,00\,€}{5\,\text{Jahre}} = \mathbf{32.500,00\,€/Jahr}$

oder
AfA-Betrag $= 162.500,00\,€ \cdot 20\,\% = \mathbf{32.500,00\,€/Jahr}$

AfA im Anschaffungsjahr $= \dfrac{32.500,00\,€ \cdot 4\,\text{Monate}}{12\,\text{Monate}} = \mathbf{10.833,33\,€}$

2.2 Außerplanmäßige Abschreibung (abnutzbares + nicht abnutzbares AV)

- Bei **voraussichtliche dauernder Wertminderung** muss eine außerplanmäßige Abschreibung vorgenommen werden.
- Beim **abnutzbaren Anlagevermögen** kommt diese zusätzlich zur planmäßigen Abschreibung zum Tragen, beim **nicht abnutzbaren Anlagevermögen** wird nur die außerplanmäßige Abschreibung vorgenommen.

Beispiel

Softwarefehler; Wertminderung 10.000,00 €

6550 AAB	10.000,00 €	an	0720 FMA	10.000,00 €

2.3 Zuschreibung/Wertaufholung am Beispiel des nicht abnutzbaren AV

- Wenn der Grund für eine Wertminderung nicht mehr besteht, muss eine **Zuschreibung bis maximal zu den Anschaffungskosten** vorgenommen werden.
- Beim abnutzbaren Anlagevermögen wäre eine Zuschreibung bis maximal zu den fortgeführten Anschaffungskosten möglich (laut Lehrplan nicht relevant).

Beispiel

Softwarefehler behoben; Wertaufholung

0720 FMA	10.000,00 €	an	5440 EZSA	10.000,00 €

2.4 Sonderfall Wertpapiere

- Wertpapiere, die dauerhaft dem Geschäftsbetrieb dienen, sind dem Anlagevermögen zuzuordnen.
- Wertpapiere werden mit den **Anschaffungskosten** angesetzt.
- Es gilt ein **Abschreibungsgebot** bei **dauernder Wertminderung**.
- Es gilt ein **Abschreibungswahlrecht** bei **vorübergehender Wertminderung**.

3 Bewertung von Vorräten (UV)

3.1 Roh-, Hilfs- und Betriebsstoffe sowie Fremdbauteile

- Roh-, Hilfs- und Betriebsstoffe sowie Fremdbauteile sind gemäß § 252 I 3 HGB **einzeln zu bewerten**.
- Da die Einzelbewertung bei gleichartigen Vorräten, die beispielsweise gemeinsam gelagert werden, aber zu unterschiedlichen Preisen gekauft wurden, meist sehr kompliziert ist, lässt der Gesetzgeber eine **Durchschnittsbewertung** (vgl. S. 103) zu.
- Beim Umlaufvermögen (UV) gilt das **strenge Niederstwertprinzip:** Ein niedrigerer Tageswert am Bilanzstichtag im Vergleich zu den Anschaffungskosten ist immer anzusetzen.

3.2 Durchschnittswertverfahren

- Beim Durchschnittswertverfahren wird **die Summe der Anschaffungskosten** für den Kauf der Vorräte zum Anfangsbestand (in €) addiert und **durch die Gesamtmenge geteilt** (= gewogener Durchschnitt).

- Nach dem strengen Niederstwertprinzip wird der ermittelte Wert mit dem **Wert zu Markt-/Börsenpreisen** verglichen und der **niedrigere Betrag angesetzt**.

Grundsätzlich Einzelbewertung (§ 252 I 3 HGB)

↓

Bei gleichartigen Vorräten → Durchschnittswertverfahren zur Ermittlung der Anschaffungskosten (§ 240 IV HGB)

↓

Durchschnittsbewertung
→ Jährlich gewogene Durchschnittswertermittlung

Beispiel

Einkauf von Äpfeln (01.01. – 31.12.)

AB 01.01.	500 kg	960,00 €
27.01.	600 kg	940,00 €
02.03.	400 kg	810,00 €
04.04.	500 kg	700,00 €
02.05.	300 kg	550,00 €
01.06.	200 kg	190,00 €
05.07.	300 kg	375,00 €
03.08.	100 kg	100,00 €
02.09.	300 kg	625,00 €
09.10.	500 kg	880,00 €
01.11.	400 kg	870,00 €
03.12.	700 kg	1050,00 €
	4.800 kg	8.050,00 €

→ ⌀-Wert je Einheit: $\dfrac{8.050,00\ €}{4.800\ kg} = $ **1,68 €/kg**

→ Schlussbestand an Äpfeln am 31.12.: 200 kg
→ bewerteter Schlussbestand: 200 kg · 1,68 €/kg = **336,00 €**

4 Bewertung von Forderungen

- Bei der ersten Bilanzierung werden Forderungen mit den Anschaffungskosten (**Nennwert**) angesetzt.
- Forderungen können im Laufe der Zeit allerdings teilweise oder in Gänze verloren gehen und müssen dann **abgeschrieben** werden (Wertberichtigungen).

4.1 Einteilung von Forderungen

uneinbringlich, z. B. durch ein beendetes Insolvenzverfahren

→ Ausfall der kompletten Forderung: **Abschreibung erfolgt sofort!**

Beispiel

Die Forderung eines Lieferanten der fruit AG (Rechnungsbetrag: 12.000,00 €) ist uneinbringlich.

Buchung des Ausfalls:

6951	10.084,03 €			
4800	1.915,97 €	an	2400	12.000,00 €

zweifelhaft

→ Ausfallrisiko einzelner Forderungen
→ Neubewertung der Forderung am Bilanzstichtag
→ **Einzelwertberichtigung** (netto!) auf den wahrscheinlichen Wert der Forderung am Bilanzstichtag
→ D. h., die Summe aller voraussichtlichen Ausfälle (= notwendige EWB) wird auf das Aufwandskonto 6952 gebucht.

Beispiel

Bei der Forderung eines Lieferanten der fruit AG (Rechnungsbetrag: 12.000,00 €) wird am 31.12. mit einem Ausfallrisiko von 50 % gerechnet.

Buchung der notwendigen EWB:

6952	5.042,02 €	an	3670	5.042,02 €

! Es ist **keine USt.-Korrektur** vorzunehmen.

---

einwandfrei

→ allgemeines Ausfallrisiko bei einwandfreien Forderungen
→ am Bilanzstichtag sind nicht alle Forderungsausfälle vorhersehbar
→ Bildung einer **Pauschalwertberichtigung**, um Forderungsausfälle abzudecken
→ im Normalfall 1 % des gesamten Forderungsbestands (= notwendige PWB)

Beispiel

Die fruit AG hat am 31.12. einen Forderungsbestand von einwandfreien Forderungen in Höhe von 47.000,00 € netto; 1 % = 470,00 €.

Buchung der PWB:

6953	470,00 €	an	3680	470,00 €

Es ist **keine USt.-Korrektur** vorzunehmen.

Zahlung einer bereits abgeschriebenen Forderung

Beispiel

Die abgeschriebene Forderung des Lieferanten wird doch noch bezahlt.

2800 BK	12.000,00 €	an	5495 EFO	10.084,03 €
			4800 UST	1.915,97 €

Wertansatz der Forderungen am Bilanzstichtag

Forderungsbestand am 31.12. **vor** Wertberichtigung
– notwendige EWB
– notwendige PWB
= Wertansatz für das Konto 2400 „Forderungen" im SBK

4.2 Berechnung der EWB

notw. EWB > vorh. EWB	notw. EWB < vorh. EWB
(Aufwand) → Erhöhung	**(Ertrag) → Herabsetzung**
Buchung:	Buchung:
6952 an 3670	**3670 an 5450**

Beispiel

Am 01.01. hat die fruit AG eine Einzelwertberichtigung von 3.250,00 €. Am 31.12. weist das Konto EWB (3670) einen Wert von 9.250,00 € auf → Erhöhung

Buchungssatz:

6952   an   3670   6.000,00 €

Beispiel

Am 01.01. hat die fruit AG eine Einzelwertberichtigung von 3.250,00 €. Am 31.12. weist das Konto EWB (3670) einen Wert von 1.250,00 € auf → Herabsetzung

Buchungssatz:

3670   an   5450   2.000,00 €

4.3   Berechnung der PWB

Forderungsbestand am 31.12. **vor** Wertberichtigung
– zweifelhafte Forderungen (gesamter Betrag)
= einwandfreie Forderungen (brutto)

→ einwandfreie Forderungen (**netto**) · PWB-Satz in % (normal 1 %)
= notwendige PWB zum 31.12.

notw. PWB > vorh. PWB

= **Erhöhung**

notw. PWB < vorh. PWP

= **Herabsetzung**

Buchung:

6953   an   3680

Buchung:

3680   an   5450

Beispiel

Forderungsbestand am 31.12. vor Wertberichtigung: 25.000,00 €

Zweifelhafte Forderungen: 6.000 €

PWB 3680 am 01.01.: 100,00 €

Beispiel

Forderungsbestand am 31.12. vor Wertberichtigung 25.000,00

Zweifelhafte Forderungen: 6.000 €

PWB 3680 am 01.01.: 200,00 €

Rechnung:

25.000,00 € – 6.000,00 € = 19.000,00 € (einwandfreie FO)

19.000,00 € / 1,19 = 15.966,39 € (netto)

15.966,39 € · 1 % = **159,66 €** (notwendige PWB)

Buchungssatz:

6953   an   3680   59,66 €

Buchungssatz:

3680   an   5450   40,34 €

5 Pensionsrückstellungen

- § 249 I HGB: Rückstellungen werden für ungewisse Verbindlichkeiten gebildet, deren **Grund bekannt** ist (z. B. betriebliche Altersversorgung ➝ **Pensionsrückstellungen**).

- **Höhe** und **Fälligkeit stehen** zum Bilanzstichtag aber noch **nicht fest**.

- Rückstellungen werden **zum Bilanzstichtag** erstellt.

- Pensionsrückstellungen mit einer Restlaufzeit von mehr als einem Jahr sind mit dem ihrer Restlaufzeit entsprechenden durchschnittlichen Marktzinssatz, der sich im Falle von Rückstellungen für Altersversorgungsverpflichtungen aus den vergangenen zehn Geschäftsjahren ergibt, **abzuzinsen**. Abweichend dürfen sie auch pauschal mit dem durchschnittlichen Marktzinssatz abgezinst werden, der sich bei einer angenommenen Restlaufzeit von 15 Jahren ergibt (§ 253 II HGB).

- Die **Abzinsungszinssätze** werden von der Deutschen Bundesbank nach Maßgabe einer Rechtsverordnung ermittelt und monatlich bekannt gegeben (§ 253 II HGB).

Beispiel

Stand am Monatsende	Zinssatz bei Restlaufzeiten von … Jahr(en)									
	1	2	3	4	5	6	7	8	9	10
2017 Jan.	2,52	2,59	2,72	2,87	3,02	3,16	3,30	3,42	3,53	3,63

- Der **Barwert** (gegenwärtiger Wert einer späteren Forderung) wird mit folgender Formel berechnet:

$$\textbf{Barwert} = \text{Erfüllungsbetrag} \cdot \left(\frac{1}{(1 + \text{Abzinsungssatz})^t} \right)$$

6 Ergebnisverwendungsrechnung und Eigenkapitalausweis

- Der Eigenkapitalausweis kann entweder **vor, nach teilweiser** oder **nach vollständiger Ergebnisverwendung** erfolgen.

- Vor Ergebnisverwendung sind der **Jahresüberschuss/Jahresfehlbetrag** und der **Gewinn-/Verlustvortrag** noch enthalten.

- Nach teilweiser Ergebnisverwendung wurden Teile des Jahresüberschusses bereits in die **gesetzlichen Rücklagen** und in die **anderen Rücklagen** gestellt. Es ergibt sich ein **Bilanzgewinn**.

  - **Gesetzliche Rücklagen:** 5 % des um den Verlustvortrag aus dem Vorjahr geminderten Jahresüberschusses, bis gesetzliche Rücklage und Kapitalrücklage 10 % des gezeichneten Kapitals oder den in der Satzung bestimmten höheren Teil des Grundkapitals erreichen

  - **Andere Gewinnrücklagen:** „Freiwillige Rücklagen": bis zu 50 % des um einen Verlustvortrag und die Einstellung in die gesetzlichen Rücklagen geminderten Jahresüberschusses

- Bei vollständiger Ergebnisverwendung wurde bereits die **Dividende** ausgeschüttet und es ergibt sich eventuell ein **neuer Gewinn-/Verlustvortrag**.

Schema

	Jahresüberschuss
−	Verlustvortrag (falls vorhanden)
=	Bereinigter JÜ (Berechnungsgrundlage für gesetzliche Rücklagen)
−	Einstellung in gesetzliche Rücklagen
=	Zwischensumme
−	Einstellung in andere Gewinnrücklagen (oder + Entnahme)
+	Gewinnvortrag (falls vorhanden)
=	Bilanzgewinn
−	Dividende
=	Gewinnvortrag/Verlustvortrag (neu)

Vor Ergebnisverwendung	A. Eigenkapital I. Gezeichnetes Kapital II. Kapitalrücklage III. Gewinnrücklagen 1. Gesetzliche Rücklagen 2. Andere Gewinnrücklagen IV. Gewinn-/Verlustvortrag **V. Jahresüberschuss/ Jahresfehlbetrag**
Nach teilweiser Ergebnisverwendung	A. Eigenkapital I. Gezeichnetes Kapital II. Kapitalrücklage III. Gewinnrücklagen 1. Gesetzliche Rücklagen 2. Andere Gewinnrücklagen **IV. Bilanzgewinn**
Nach vollständiger Ergebnisverwendung	A. Eigenkapital I. Gezeichnetes Kapital II. Kapitalrücklage III. Gewinnrücklagen 1. Gesetzliche Rücklagen 2. Andere Gewinnrücklagen **IV. Verbindlichkeiten ggü. Anteilseignern/Dividende V. Gewinn- und Verlustvortrag neu**

Beispiel

Ergebnisverwendungsrechnung der fruit AG; 5 % Einstellung in die gesetzlichen Rücklagen, 35.000 € in andere Gewinnrücklagen, Ausschüttung Dividende: 250.000,00 €

	Vor Ergebnisverwendung	Nach teilweiser Ergebnisverwendung	Nach vollständiger Ergebnisverwendung
I. Gezeichnetes Kapital	1.500.000,00 €	1.500.000,00 €	1.500.000,00 €
II. Kapitalrücklage	100.000,00 €	100.000,00 €	100.000,00 €
III. Gewinnrücklage			
1. Gesetzliche Rücklage	30.000,00 €	45.500,00 € (30.000,00 € + 5 % von V – IV)	45.500,00 €
2. Andere Gewinnrücklage	5.000,00 €	40.000,00 € (5.000,00 € + 35.000,00 €)	40.000,00 €
IV. Verlustvortrag	105.000,00 €		
V. Jahresüberschuss	415.000,00 €		
Bilanzgewinn		259.500,00 €	
Verbindlichkeiten ggü. Anteilseignern/Aktionären			–250.000,00 €
Gewinn- und Verlustvortrag neu			9.500,00 € (259.500 – 250.000) €)
Eigenkapital insgesamt	1.945.000,00 €	1.945.000,00 €	1.695.000,00 €

Dividende in %: $\dfrac{250.000\ \text{€}}{1.500.000,00\ \text{€}} \cdot 100\ \% = 16,67\ \%$

Finanzierungs- und Investitionsvorgänge analysieren, liquide Mittel beschaffen und Investitionen tätigen

Aufgabe: Bereitstellung der finanziellen Mittel, die zur Durchführung einer Investition benötigt werden

→ Ziele: Optimierung des Kapital- und Zahlungsbereichs, Wahl der kostengünstigsten Finanzierungsinstrumente, Koordination der künftigen Zahlungsströme, damit weder Über- noch Unterliquidität entstehen

1 Finanzierungsarten

- Finanzierungsarten lassen sich nach der **Rechtsstellung** und der **Kapitalherkunft** gliedern.

- Bei der **Außenfinanzierung** stammen die Mittel von externen Kapitalgebern (Aktionäre); bei der **Innenfinanzierung** wurden die finanziellen Mittel durch den Umsatzprozess erwirtschaftet.

- Bei der **Eigenfinanzierung** stellen die Eigentümer das Kapital selbst zur Verfügung; bei der **Fremdfinanzierung** wird dem Unternehmen Fremdkapital zur Verfügung gestellt (z. B. Kredite, Rückstellungen).

		Nach Rechtsstellung	
		Eigen-finanzierung	**Fremd-finanzierung**
Nach Kapital-herkunft	**Innen-finanzierung**	Selbst-finanzierung	Finanzierung aus Rückstellungen
	Außen-finanzierung	Beteiligungs-finanzierung	Kredit-finanzierung

❗ Die **Finanzierung aus Abschreibungsgegenwerten** lässt sich nicht grundsätzlich der Eigen- oder Fremdfinanzierung zuordnen und ist somit ein Sonderfall.

2 Beteiligungsfinanzierung am Beispiel der ordentlichen Kapitalerhöhung

- Bei der ordentlichen Kapitalerhöhung werden **neue Aktien** ausgegeben und damit **Kapital beschafft**.
- Der Ausgabekurs der jungen Aktien liegt im Normalfall über dem Nennwert (über pari); dieses sogenannte **Agio** (= Aufgeld) fließt in die Kapitalrücklage.
- Das gezeichnete Kapital erhöht sich um den Nennwert der jungen Aktien.
- Damit die alten Aktionäre die Chance haben, ihren prozentualen Anteil am Unternehmen zu halten, erhalten sie **Bezugsrechte**; möchten Aktionäre diese nicht nutzen, können sie den finanziellen Nachteil durch den Verkauf zum **rechnerischen Wert** ausgleichen.

Formeln:

Veränderung des gezeichneten Kapitals	= Beteiligungsfinanzierung (neu) – Veränderung der Kapitalrücklage
Anzahl junger Aktien	$= \dfrac{\text{Erhöhung des gezeichneten Kapitals}}{\text{Nennwert je Aktie}}$
Emissionskurs pro Aktie	= Nennwert + Agio
Bezugsverhältnis	$= \dfrac{\text{altes gezeichnetes Kapital}}{\text{Kapitalerhöhung}}$
Rechnerischer Wert des Bezugsverhältnisses	$= \dfrac{\text{Kurswert der alten Aktien} - \text{Emissionskurs}}{\text{Bezugsverhältnis} + 1}$

fruit AG	
I. Gez. Kapital	3.000.000,00 €
II. Kapitalrücklage	1.200.000,00 €
III. Gewinnrücklagen	
1. Gesetzliche Rücklage	150.000,00 €
2. Andere Gewinnrücklagen	150.000,00 €

Die Hauptversammlung beschließt eine Erhöhung des gezeichneten Kapitals um 500.000,00 € durch Ausgabe junger Aktien. Nennwert: 5,00 €; Emissionskurs: 7,00 €; Kurswert der alten Aktien: 10,00 €

$$\textbf{Anzahl junger Aktien} = \frac{\text{Erh. gez. Kapital}}{\text{Nennwert}} = \frac{500.000,00\ €}{5,00\ €/\text{Aktie}} = \textbf{100.000}$$

fruit AG	
I. Gez. Kapital	**3.500.000,00 €**
II. Kapitalrücklage	**1.400.000,00 €**
III. Gewinnrücklagen	
1. Gesetzliche Rücklage	150.000,00 €
2. Andere Gewinnrücklagen	150.000,00 €

500.000,00 € = 100.000 Aktien · 5,00 €/Aktie

7,00 € − 5,00 € = 2,00 € **(Agio)**
2,00 €/Aktie · 100.000 Aktien = **200.000,00 €**

Problem: Ein Aktionär, der bisher mit 750.000,00 € (= 150.000 Aktien = 25 %) an der fruit AG beteiligt war, ist nach der Kapitalerhöhung nur noch mit 21,43 % an der AG beteiligt.

→ **Lösung:** Bezugsrecht der jungen Aktien zum **Bezugsverhältnis**

$$\textbf{Bezugsverhältnis} = \frac{\text{gez. Kapital (alt)}}{\text{Erhöhung des gez. Kapitals}} = \frac{3.000.000,00\ €}{500.000,00\ €}$$

$$= \frac{\textbf{6}}{\textbf{1}} \rightarrow \text{für 6 Bezugsrechte, 1 junge Aktie}$$

$$\textbf{Wert des Bezugsrechts} = \frac{\text{Kurs Aktie (alt)} - \text{Emissionskurs}}{\text{Bezugsverhältnis} + 1}$$

$$= \frac{10,00\ € - 7,00\ €}{6 + 1} = 0,43\ €$$

→ Der Aktionär bekommt 25.000 junge Aktien (150.000/6) nach Ausübung des Bezugsrechts.

→ 25.000 + 150.000 Altaktien = 175.000 = 25 % von 700.000 Aktien

3 Kreditfinanzierung

3.1 Annuitätendarlehen

- Beim Annuitätendarlehen bleibt die **Belastung** des Kreditnehmers über die Laufzeit **gleich**.

- Nachdem die Zinsen durch die mit der Zeit abnehmende Restschuld ebenfalls abnehmen, **erhöht sich** der **Anteil der Tilgung** an der Annuität mit den Jahren.

Beispiel

Die fruit AG finanziert eine Verpackungsmaschine für 75.000,00 € durch ein Annuitätendarlehen. Zinssatz p. a.: 5 %; Tilgungsrate: 10 % + ersparte Zinsen (alle Angaben in €).

Jahr	Darlehens-betrag	Zinsen	Tilgung	Annuität	Rest-schuld
1	75.000,00	3.750,00	7.500,00	11.250,00	67.500,00
2	67.500,00	3.375,00	7.875,00	11.250,00	59.625,00
3	59.625,00	2.981,25	8.268,75	11.250,00	51.356,25
4	51.356,25	2.567,81	8.682,19	11.250,00	42.674,06
5	42.674,06	2.133,70	9.116,30	11.250,00	33.557,76
6	33.557,76 ▼	1.677,89 ▼	9.572,11	11.250,00	23.985,65

Abnahme der Zinsen ≙ Zunahme der Tilgung

Annuität = Zinsanteil + Tilgungsanteil
1. Jahr   = 3.750,00 € + 7.500,00 € = 11.250,00 €

→ Finanzielle Belastung der fruit AG bleibt jährlich gleich

→ Zinsen sinken; Tilgung steigt jährlich um die ersparten Zinsen

3.2 Abzahlungsdarlehen

- Beim Abzahlungsdarlehen bleibt die **Tilgungsrate gleich**.
- Die Restschuld sinkt jährlich um die Höhe der Tilgungsrate.
- Die Zinsen sinken, wodurch die **Liquiditätsbelastung** im Gegensatz zum Annuitätendarlehen über die Jahre **abnimmt**.

Beispiel

Jahr	Darlehens-betrag	Zinsen	Tilgung	Gesamt	Rest-schuld
1	75.000,00	3.750,00	7.500,00	11.250,00	67.500,00
2	67.500,00	3.375,00	7.500,00	10.875,00	60.000,00
3	60.000,00	3.000,00	7.500,00	10.500,00	52.500,00
4	52.500,00	2.625,00	7.500,00	10.125,00	45.000,00
5	45.000,00	2.250,00	7.500,00	9.750,00	37.500,00
6	37.500,00	1.875,00	7.500,00	9.375,00	30.000,00
7	30.000,00	1.500,00	7.500,00	9.000,00	22.500,00

3.3 Kontokorrentkredit

- Kontokorrentkredite werden von Kreditinstituten auf Girokonten eingeräumt und stellen eine **summenbegrenzte Überziehungsmöglichkeit** dar, die die Zahlungsbereitschaft des Kontoinhabers sicherstellt.
- Sie werden meist genutzt, um **Liquiditätsengpässe auszugleichen**, z. B. Ausnutzen von Skonti.
- Kontokorrentkredite sind im Normalfall relativ **teuer**.

Beispiel

Zur Begleichung einer Rechnung von 35.000,00 € nimmt die fruit AG einen Kontokorrentkredit für 10 Tage in Anspruch. Zinssatz: 15 %

$$\text{Zinsen} = \frac{35.000,00 \text{ €} \cdot 15 \cdot 10 \text{ Tage}}{360 \text{ Tage} \cdot 100} = \textbf{145,83 €}$$

4 Selbstfinanzierung

4.1 Offene Selbstfinanzierung

- Nicht ausgeschüttete Gewinne **erhöhen** als Gewinnrücklagen **das Eigenkapital** (in der **Bilanz sichtbar**).
- Ein Vorteil der Selbstfinanzierung ist, dass **keine Zinsbelastung** besteht (wie z. B. bei einem Kredit).

Beispiel

Ergebnisverwendungsrechnung der fruit AG;
Einstellung in die gesetzliche Rücklage: 5 %;
andere Rücklagen: 35.000,00 €;
Dividende: 250.000,00 €

	Vor Ergebnis-verwendung	Nach teilweiser Ergebnis-verwendung	Nach voll-ständiger Ergebnis-verwendung
I. Gezeichnetes Kapital	1.500.000,00 €	1.500.000,00 €	1.500.000,00 €
II. Kapitalrücklage	100.000,00 €	100.000,00 €	100.000,00 €
III. Gewinnrücklage			
1. Gesetzliche Rücklage	30.000,00 €	**45.500,00 €**	45.500,00 €
2. Andere Gewinn-rücklagen	5.000,00 €	**40.000,00 €**	40.000,00 €
IV. Verlustvortrag	105.000,00 €		
V. Jahresüber-schuss	**415.000,00 €**		
Bilanzgewinn		259.500,00 €	
Dividende			**−250.000,00 €**
Gewinn-/Verlust-vortrag neu			**9.500,00 €**
Eigenkapital insgesamt	1.945.000,00 €	1.945.000,00 €	1.695.000,00 €

Formeln:

Offene Selbstfinanzierung	= Jahresüberschuss – Dividende
Alternative Berechnung	= Einstellung gesetzliche Rücklage + Einstellung andere Gewinnrücklagen + Erhöhung Gewinnvortrag

Offene Selbstfinanzierung = Jahresüberschuss – Dividende
= 415.000,00 € – 250.000,00 €
= **165.000,00 €**

Offene Selbstfinanzierung = Einstellung gesetzliche Rücklage
+ Einstellung andere Gewinnrücklagen
+ Erhöhung Gewinnvortrag
= 15.500,00 € + 35.000,00 € + 114.500,00 €
= **165.000,00 €**

4.2 Stille Selbstfinanzierung

- Die stille Selbstfinanzierung entsteht durch **Unterbewertung von Aktiva** oder **Überbewertung von Passiva**.

- Die stille Selbstfinanzierung ist in der Bilanz **nicht sichtbar**.

Formel:

Stille Selbstfinanzierung	= Bilanzielle Abschreibung – Kalkulatorische Abschreibung

Beispiel

Kauf eines Pkw für 60.000,00 €. Bilanzielle Abschreibung: 12.000,00 €; kalkulatorische Abschreibung: 10.000,00 €

Stille Selbstfinanzierung = Bilanzielle Abschreibung
– Kalkulatorische Abschreibung
= 12.000,00 € – 10.000,00 € = **2.000,00 €**

5 Finanzierung aus Rückstellungen

- Rückstellungen sind Posten, die in der Bilanz als zu erwartende, in der **Höhe** und der **Fälligkeit** noch **unbestimmte** Ausgabe ausgewiesen sind.
- Mit der Rückstellung wird bereits ein **Aufwand** gebucht, es wurde aber noch keine **Zahlung** getätigt.
- Sobald die tatsächliche Zahlung erfolgt, wird die Rückstellung aufgelöst.
- Solange die Rückstellung noch nicht aufgelöst ist, steht das Kapital dem Unternehmen zur Verfügung.

Beispiel

Die fruit AG bildet Pensionsrückstellungen von 127.000,00 €. Diese werden periodengerecht als Aufwand gebucht. Bis zur tatsächlichen Auszahlung des Betrages steht das Kapital zur Finanzierung von Investitionen zur Verfügung (→ Finanzierungseffekt).

6 Finanzierung aus Abschreibungen und sonstigen Vermögensumschichtungen

6.1 Finanzierung aus Vermögensumschichtungen

- Bei dieser Art der Finanzierung muss die **Aktiv-Seite der Bilanz** betrachtet werden.
- Ein typischer Fall ist die Freisetzung von Kapital durch **Desinvestition**, z. B. Verkauf eines betriebseigenen Pkw, Verkauf von Forderungen an eine Factoring-Gesellschaft.

fruit AG			
	Aktiva		**Passiva**
	01	**02**	
I. Anlage- vermögen			
1. Fabrikhalle	110.000,00 €	110.000,00 €	
2. Maschinen	**74.000,00 €**	**60.000,00 €**	z. B. Verkauf einer Maschine
3. Fuhrpark	**38.400,00 €**	**20.000,00 €**	z. B. Verkauf eines Lieferwagens

Finanzierung aus Vermögensumschichtung
= 14.000,00 € + 18.400,00 € = 32.400,00 €

6.2 Finanzierung aus Abschreibungen

- Abschreibungen werden in der Finanzbuchhaltung als Aufwand, in der Kostenrechnung als Kosten erfasst.

- Der **Wertverlust** eines Anlagegutes wird als Aufwand verbucht und geht in die **Preiskalkulation** der Produkte ein; durch den Verkauf der Produkte fließen dem Unternehmen liquide Mittel für Investitionen zu.

Die fruit AG schafft eine Maschine für 50.000,00 € an, die über 5 Jahre linear abgeschrieben wird. Somit werden am Ende jeden Jahres 10.000,00 € frei, die dem Unternehmen so lange zur Verfügung stehen, bis eine neue Maschine angeschafft wird. Bei unverändertem Wiederbeschaffungswert ist dies nach 5 Jahren der Fall. Falls die alte Maschine weiter im Unternehmen verbleibt, kommt es zu einer Kapazitätserweiterung. Sollte die fruit AG weitere identische Maschinen im Bestand haben, kann die Kapazitätserweiterung auch früher eintreten, da die durch Abschreibung frei gewordenen liquiden Mittel nicht an eine Maschine gebunden sind.

7 Statische Investitionsrechenverfahren

- Die Investitionsrechnung soll dabei helfen, sich für die **richtige Investition zu entscheiden.**

- Man unterscheidet zwischen **statischen** Verfahren und **dynamischen** Verfahren: Bei Ersteren werden die **unterschiedlichen Zahlungszeitpunkte** der Ein- und Auszahlungen **nicht berücksichtigt,** bei Letzteren schon (Abzinsung; in FOS/BOS 11/12 nicht relevant).

- Bei der statischen Investitionsrechnung wird aufgrund der **Kosten,** des **Gewinns,** der **Rentabilität** oder der **Amortisation** entschieden.

- Anhand des Beispiels werden alle vier Verfahren berechnet:

Beispiel

Der fruit AG stehen zwei Abfüllanlagen (= Investitionsobjekte) zur Auswahl. Abschreibungsmethode: linear

Für welche Abfüllmaschine soll sich die fruit AG entscheiden?

	Anlage 1	Anlage 2
Anschaffungskosten (= Wiederbeschaffungswert, WBW)	3.500.000,00 €	2.700.000,00 €
Restbuchwert	0 €	0 €
Nutzungsdauer (ND)	14 Jahre	12 Jahre
Kapazität pro Periode	5.000.000	4.000.000
Fixe Betriebskosten	30.000,00 €	18.000,00 €
Variable Betriebskosten bei voller Auslastung	3.000.000,00 €	2.500.000,00 €
Stückerlös	0,80 €	0,80 €
Kalkulationszins	8 %	8 %
Absatz	3.000.000	3.000.000

7.1 Kostenvergleichsrechnung

- **Ziel:** Ermittlung der **günstigsten Anlage** (Kostenminimierung)
- Betrachtet werden die durchschnittlichen periodenbezogenen Kosten.

Gesamtkostenbetrachtung K

Formeln:

Gesamtkosten	$= K_f + K_v + \text{Kapitalkosten}$
Kapitalkosten	$= \text{kalk. Abschreibungen} + \text{kalk. Zinsen}$
	$= \dfrac{\text{WBW}}{\text{ND}} + \dfrac{\text{Anschaffungskosten} \cdot \text{Kalkulationszins}}{2}$

Beispiel

Gesamtkosten **Anlage 1:**
$= 30.000,00 \, € + 1.800.000,00 \, € + (3.500.000,00 \, € \,/\, 14)$
$+ (3.500.000,00 \, € \cdot 8\,\% \,/\, 2) = \mathbf{2.220.000,00 \, €}$

Gesamtkosten **Anlage 2:**
$= 18.000,00 \, € + 1.875.000,00 \, € + (2.700.000,00 \, € \,/\, 12)$
$+ (2.700.000,00 \, € \cdot 8\,\% \,/\, 2) = \mathbf{2.226.000,00 \, €}$

→ **Anlage 1 ist günstiger**

Stückkostenbetrachtung k

Formel:

Stückkosten	$= \dfrac{K}{\text{Absatzmenge}}$

Beispiel

Stückkosten **Anlage 1:**
$= \dfrac{2.220.000,00 \, €}{3.000.000 \, \text{Stk.}} = \mathbf{0,74 \, €/Stk.}$

Stückkosten **Anlage 2:**
$= \dfrac{2.226.000,00 \, €}{3.000.000 \, \text{Stk.}} = \mathbf{0,74 \, €/Stk.}$

→ **Die Anlagen sind kostengleich (auf zwei Dezimalstellen gerundet)**

7.2 Gewinnvergleichsrechnung

- Bei der Gewinnvergleichsrechnung wird die Kostenvergleichsrechnung um die erzielbaren Erlöse erweitert.

- Es wird die **gewinnbringendste Anlage ermittelt**. Dabei werden die durchschnittlichen periodenbezogenen Gewinne betrachtet.

Gesamtgewinn G

Formel:

Gesamtgewinn	= zurechenbare Erlöse − zurechenbare Kosten

Beispiel

Gesamtgewinn **Anlage 1:**
= 0,80 € /Stk. · 3.000.000 Stk. − 2.220.000,00 € = **180.000,00 €**

Gesamtgewinn **Anlage 2:**
= 0,80 € /Stk. · 3.000.000 Stk. − 2.226.000,00 € = **174.000,00 €**

→ **Anlage 1 erzielt den höheren Gewinn.**

Stückgewinn g

Formel:

$$\text{Stückgewinn} = \frac{G}{\text{Absatzmenge}}$$

Beispiel

Stückgewinn **Anlage 1:**

$$= \frac{180.000,00 \text{ €}}{3.000.000 \text{ Stk.}} = \textbf{0,06 €/Stk.}$$

Stückgewinn **Anlage 2:**

$$= \frac{174.000,00 \text{ €}}{3.000.000 \text{ Stk.}} = \textbf{0,06 €/Stk.}$$

→ **Der Stückgewinn ist gleich** (auf zwei Dezimalstellen gerundet).

7.3 Rentabilitätsrechnung

- Bei der Rentabilitätsrechnung wird die **durchschnittliche jährliche Verzinsung** (Rendite) der beiden Anlagen 1 und 2 berechnet (= Rentabilität des Kapitaleinsatzes).

Formeln:

$$\text{Rentabilität} = \frac{\text{Gewinn} + \text{kalk. Zinsen}}{\text{durchschnittliches gebundenes Kapital}} \cdot 100\,\%$$

$$\varnothing \text{ gebundenes Kapital} = \frac{\text{Anschaffungskosten (+RBW)}}{2}$$

Beispiel

Rentabilität **Anlage 1:**

$$= \frac{180.000,00\ \text{€} + 140.000,00\ \text{€}}{1.750.000,00\ \text{€}} \cdot 100\,\% = \mathbf{18,29\,\%}$$

Rentabilität **Anlage 2:**

$$= \frac{174.000,00\ \text{€} + 108.000,00\ \text{€}}{1.350.000,00\ \text{€}} \cdot 100\,\% = \mathbf{20,89\,\%}$$

→ **Die Rentabilität der Anlage 2 ist höher.**

7.4 Amortisationsrechnung

- Ermittelt wird der **Zeitraum**, der notwendig ist, um die **Kosten** mit den erzielten Überschüssen zu **decken** (auch Pay-off-Rechnung, Kapitalrückflussmethode).
- Es kommt zu einer Risikominimierung bei schnellerer Amortisation.

Formel:

Amortisation	$= \dfrac{\text{Anschaffungskosten}}{\varnothing \text{ Mittelrückfluss}}$
	$= \dfrac{\text{Anschaffungskosten}}{\text{Gewinne} + \text{kalk. Abschreibung}}$

Beispiel

Amortisation **Anlage 1:**

$$= \frac{3.500.000,00 \ \text{€}}{180.000,00 \ \text{€} + 250.000,00 \ \text{€}} = 8,14 \ \text{Jahre}$$

Amortisation **Anlage 2:**

$$= \frac{2.700.000,00 \ \text{€}}{174.000,00 \ \text{€} + 225.000,00 \ \text{€}} = 6,77 \ \text{Jahre}$$

→ **Anlage 2 hat die Anschaffungskosten schneller gedeckt.**

Anhang: Kontenplan

AKTIVA

Kontenklasse 0: Immaterielle Vermögensgg. u. Sachanlagen

Immaterielle Vermögensgegenstände

02 Konzessionen, gewerbliche Schutzrechte und ähnliche Rechte und Werte sowie Lizenzen an solchen Rechten und Werten
    0200 Konzessionen, gewerbliche Schutzrechte und ähnliche Rechte und Werte sowie Lizenzen an solchen Rechten und Werten

Sachanlagen

05 Grundstücke, grundstücksgleiche Rechte und Bauten einschließlich der Bauten auf fremden Grundstücken
    0500 Unbebaute Grundstücke
    0510 Bebaute Grundstücke
    0530 Betriebsgebäude
    0540 Verwaltungsgebäude
    0550 Andere Bauten
    0590 Wohngebäude

07 Technische Anlagen und Maschinen
    0710 Anlagen der Materiallagerung
    0720 Fertigungsmaschinen
    0750 Transportanlagen

08 Andere Anlagen, Betriebs- und Geschäftsausstattung
    0810 Werkstätteneinrichtung
    0820 Werkzeuge, Werksgeräte und Modelle, Prüf- und Messmittel
    0830 Lager- u. Transporteinrichtungen
    0840 Fuhrpark
    0850 Sonstige Betriebsausstattung
    0860 Büromaschinen, Organisationsmittel und Kommunikationsanl.
    0870 Büromöbel und sonstige Geschäftsausstattung
    0890 Sammelposten geringwertige Wirtschaftsgüter
    0891 Geringwertige Wirtschaftsgüter

09 Geleistete Anzahlungen und Anlagen im Bau
    0900 Geleistete Anzahlungen auf Sachanlagen
    0950 Anlagen im Bau

Kontenklasse 1: Finanzanlagen

13 Beteiligungen
    1300 Beteiligungen
15 Wertpapiere des Anlagevermögens
    1500 Wertpapiere des Anlagevermögens
16 Sonstige Finanzanlagen
    1600 Sonstige Finanzanlagen

AKTIVA (Fortsetzung)

Kontenklasse 2:   Umlaufvermögen und aktive Rechnungsabgrenzung

Vorräte

20 Roh-, Hilfs-, Betriebsstoffe
   2000 Rohstoffe/Fertigungsmaterial
   2010 Fremdbauteile
   2020 Hilfsstoffe
   2030 Betriebsstoffe
21 Unfertige Erzeugnisse, unfertige Leistungen
   2100 Unfertige Erzeugnisse
   2190 Unfertige Leistungen
22 Fertige Erzeugnisse und Waren
   2200 Fertige Erzeugnisse
23 Geleistete Anzahlungen auf Vorräte
   2300 Geleistete Anzahlungen auf Vorräte

Forderungen und sonstige Vermögensgegenstände (24 – 26)

24 Forderungen aus Lieferungen und Leistungen
   2400 Forderungen aus L. u. L.
   2450 Wechselforderungen aus Lieferungen und Leistungen (Besitzwechsel)
26 Sonstige Vermögensgegenstände
   2600 Vorsteuer
   2640 SV-Vorauszahlung
   2650 Forderungen an Mitarbeiter
   2690 Übrige sonstige Forderungen
27 Wertpapiere des Umlaufvermögens
   2700 Wertpapiere des Umlaufvermögens
28 Flüssige Mittel
   2800 Guthaben bei Kreditinstituten (Bank)
   2880 Kasse
29 Aktive Rechnungsabgrenzung (und Bilanzfehlbetrag)
   2900 Aktive Rechnungsabgrenzung
   2910 Disagio
   2920 Umsatzsteuer auf erhaltene Anzahlungen

PASSIVA

Kontenklasse 3:   Eigenkapital und Rückstellungen

Eigenkapital

30 Eigenkapital/Gezeichnetes Kapital
   Bei Personengesellschaften
   3000 Kapital Gesellschafter A
        3001 Privatkonto A
   Bei Kapitalgesellschaften
   3000 Gezeichnetes Kapital (Grundkapital/Stammkapital)
31 Kapitalrücklage
   3100 Kapitalrücklage
32 Gewinnrücklagen
   3210 Gesetzliche Rücklage
   3230 Satzungsmäßige Rücklagen
   3240 Andere Gewinnrücklagen
36 Wertberichtigungen
   3670 Einzelwertberichtigung zu Forderungen
   3680 Pauschalwertberichtigung zu Forderungen

Rückstellungen

37 Rückstellungen für Pensionen und ähnliche Verpflichtungen
   3700 Rückstellungen für Pensionen und ähnliche Verpflichtungen
38 Steuerrückstellungen
   3800 Steuerrückstellungen
39 Sonstige Rückstellungen
   3910 – für Gewährleistung
   3930 – für andere ungewisse Verbindlichkeiten
   3970 – für drohende Verluste aus schwebenden Geschäften

**Kontenklasse 4:   Verbindlichkeiten u. passive Rechnungs-
                    abgrenzung**

41 Anleihen
   4100 Anleihen
42 Verbindlichkeiten gegenüber Kreditinstituten
   4200 Kurzfristige Bankverbindlichkeiten
   4250 Langfristige Bankverbindlichkeiten
43 Erhaltene Anzahlungen auf Bestellungen
   4300 Erhaltene Anzahlungen auf Bestellungen
44 Verbindlichkeiten aus Lieferungen und Leistungen
   4400 Verbindlichkeiten aus Lieferungen und Leistungen
45 Wechselverbindlichkeiten
   4500 Schuldwechsel
48 Sonstige Verbindlichkeiten

PASSIVA (Fortsetzung)

4800 Umsatzsteuer
4830 Sonstige Verbindlichkeiten gegenüber dem Finanzamt
4840 Verbindlichkeiten gegenüber Sozialversicherungsträgern
4850 Verbindlichkeiten gegenüber Mitarbeitern
4860 Verbindlichkeiten aus vermögenswirksamen Leistungen
4890 Übrige sonstige Verbindlichkeiten
49 Passive Rechnungsabgrenzung
4900 Passive Rechnungsabgrenzung
4920 Vorsteuer auf geleistete Anzahlungen

ERTRÄGE

Kontenklasse 5: Erträge

50 Umsatzerlöse für eigene Erzeugnisse u. andere eigene Leistungen
5000 Umsatzerlöse für eigene Erzeugnisse
5001 Erlösberichtigungen
51 Sonstige Umsatzerlöse
5190 Sonstige Umsatzerlöse
5191 Erlösberichtigungen
52 Erhöhung oder Verminderung des Bestandes an unfertigen und
fertigen Erzeugnissen
5200 Bestandsveränderungen
53 Andere aktivierte Eigenleistungen
5300 Aktivierte Eigenleistungen
54 Sonstige betriebliche Erträge
5401 Nebenerlöse aus Vermietung und Verpachtung
5410 Sonstige Erlöse (z. B. aus Provisionen oder Lizenzen oder
aus dem Abgang von Gegenständen des Anlagevermögens)
5420 Eigenverbrauch
5430 Andere sonst. betriebl. Erträge (z. B. Schadenersatzleistungen)
5440 Erträge aus Werterhöhungen von Gegenständen des AV
(Zuschreibungen)
5450 Erträge aus der Auflösung oder Herabsetzung von
Wertberichtigungen auf Forderungen
5454 Erträge aus Währungsumrechnung
5460 Erträge aus dem Abgang von Vermögensgegenständen
5480 Erträge aus der Herabsetzung von Rückstellungen
5495 Zahlungseingänge aus abgeschriebenen Forderungen
57 Zinsen u. ähnliche Erträge
5710 Zinserträge und Dividenden
58 Außerordentliche Erträge
5800 Außerordentliche Erträge

AUFWENDUNGEN

Kontenklasse 6: **Betriebliche Aufwendungen**

Materialaufwand

60 Aufwendungen für Roh-, Hilfs- und Betriebsstoffe und für bezogene Waren

    6000 Aufwendungen für Rohstoffe/Fertigungsmaterial

        6001 Bezugskosten

        6002 Nachlässe

    6010 Aufwendungen für Fremdbauteile

    6011 Bezugskosten

    6012 Nachlässe

    6020 Aufwendungen für Hilfsstoffe

        6021 Bezugskosten

        6022 Nachlässe

    6030 Betriebsstoffe/Verbrauchswerkzeuge

        6031 Bezugskosten

        6032 Nachlässe

        6040 Aufwendungen für Verpackungsmaterial

        6050 Aufwendungen für Energie

61 Aufwendungen für bezogene Leistungen

    6100 Fremdleistungen für Erzeugnisse und andere Umsatz-leistungen

    6140 Ausgangsfrachten und Fremdlager (inkl. Versicherung und anderer Nebenkosten)

    6150 Vertriebsprovisionen

    6160 Fremdinstandhaltung

    6170 Sonstige Aufwendungen für bezogene Leistungen

Personalaufwand

62 Löhne

    6200 Löhne für geleistete Arbeitszeit einschließlich tariflicher, vertraglicher oder arbeitsbedingter Zulagen

    6210 Löhne für andere Zeiten (Urlaub, Feiertag, Krankheit)

    6220 Sonstige tarifliche oder vertragliche Aufw. für Lohnempfänger

    6230 Freiwillige Zuwendungen

63 Gehälter

    6300 Gehälter einschließlich tariflicher, vertraglicher oder arbeits-bedingter Zulagen

    6320 Sonstige tarifliche und vertragliche Aufwendungen

    6330 Freiwillige Zuwendungen

64 Soziale Abgaben u. Aufwendungen für Altersversorgung

    6400 Arbeitgeberanteil zur Sozialversicherung (Lohnbereich)

    6410 Arbeitgeberanteil zur Sozialversicherung (Gehaltsbereich)

    6420 Beiträge zur Berufsgenossenschaft

AUFWENDUNGEN (Fortsetzung)

6440 Aufwendungen für Altersversorgung
65 Abschreibungen auf Anlagevermögen
6510 Abschreibung auf immaterielle Vermögensgegenstände des Anlagevermögens
6520 Abschreibung auf Sachanlagen
6540 Abschreibung auf Sammelposten geringwertige Wirtschaftsgüter
6541 Abschreibung auf geringwertige Wirtschaftsgüter
6550 Außerplanmäßige Abschreibungen

Sonstige betriebl. Aufwendungen (66–70)
67 Aufwendungen für die Inanspruchnahme von Rechten und Diensten
6700 Mieten, Pachten
6710 Leasing
6720 Lizenzen und Konzessionen
6730 Gebühren
6750 Kosten des Geldverkehrs
6760 Provisionsaufwendungen (außer Vertriebsprovisionen)
6770 Rechts- und Beratungskosten
68 Aufwendungen für Kommunikation (Dokumentation, Information, Reisen, Werbung)
6800 Büromaterial
6810 Zeitungen u. Fachliteratur
6820 Post- u. Kommunikationsgebühren
6850 Reisekosten
6860 Bewirtung und Repräsentation
6870 Werbung
6880 Spenden (nur Kapitalgesellschaften)
69 Aufwendungen für Beiträge und Sonstiges sowie Wertkorrekturen und periodenfremde Aufwendungen
6900 Versicherungsbeiträge
6920 Beiträge zu Wirtschaftsverbänden und Berufsvertretungen
6930 Verluste aus Schadensfällen
6950 Abschreibungen auf Forderungen
    6951 Abschreibung auf Forderungen wegen Uneinbringlichkeit
    6952 Einstellung in Einzelwertberichtigungen
    6953 Einstellung in Pauschalwertberichtigungen
    6954 Aufwendungen aus Währungsumrechnung
6960 Verluste aus dem Abgang von Vermögensgegenständen (einschließlich Kassenfehlbetrag)
6980 Zuführung zu Rückstellungen für Gewährleistungen

AUFWENDUNGEN (Fortsetzung)

Kontenklasse 7:   Betriebliche und weitere Aufwendungen

70 Betriebliche Steuern
    7010 Vermögenssteuer (nur bei Kapitalgesellschaften)
    7020 Grundsteuer
    7030 Kraftfahrzeugsteuer
    7090 Sonstige betriebliche Steuern
74 Abschreibungen auf Finanzanlagen und auf Wertpapiere des
    Umlaufvermögens und Verluste aus entsprechenden Abgängen
    7400 Abschreibungen auf Finanzanlagen
75 Zinsen und ähnliche Aufwendungen
    7510 Zinsaufwendungen
    7590 Sonstige zinsähnliche Aufwendungen (z. B. Abschreibung auf
    aktiviertes Disagio)
76 Außerordentliche Aufwendungen
    7600 Außerordentliche Aufwendungen
77 Steuern vom Einkommen und Ertrag
    7700 Gewerbeertragsteuer
    7710 Körperschaftsteuer
    (bei Kapitalgesellschaften)
    7720 Kapitalertragsteuer
    (bei Kapitalgesellschaften)

ERGEBNISRECHNUNGEN

Kontenklasse 8:   Ergebnisrechnungen

80 Eröffnung / Abschluss
    8000 Eröffnungsbilanzkonto
    8010 Schlussbilanzkonto
    8020 GuV-Konto

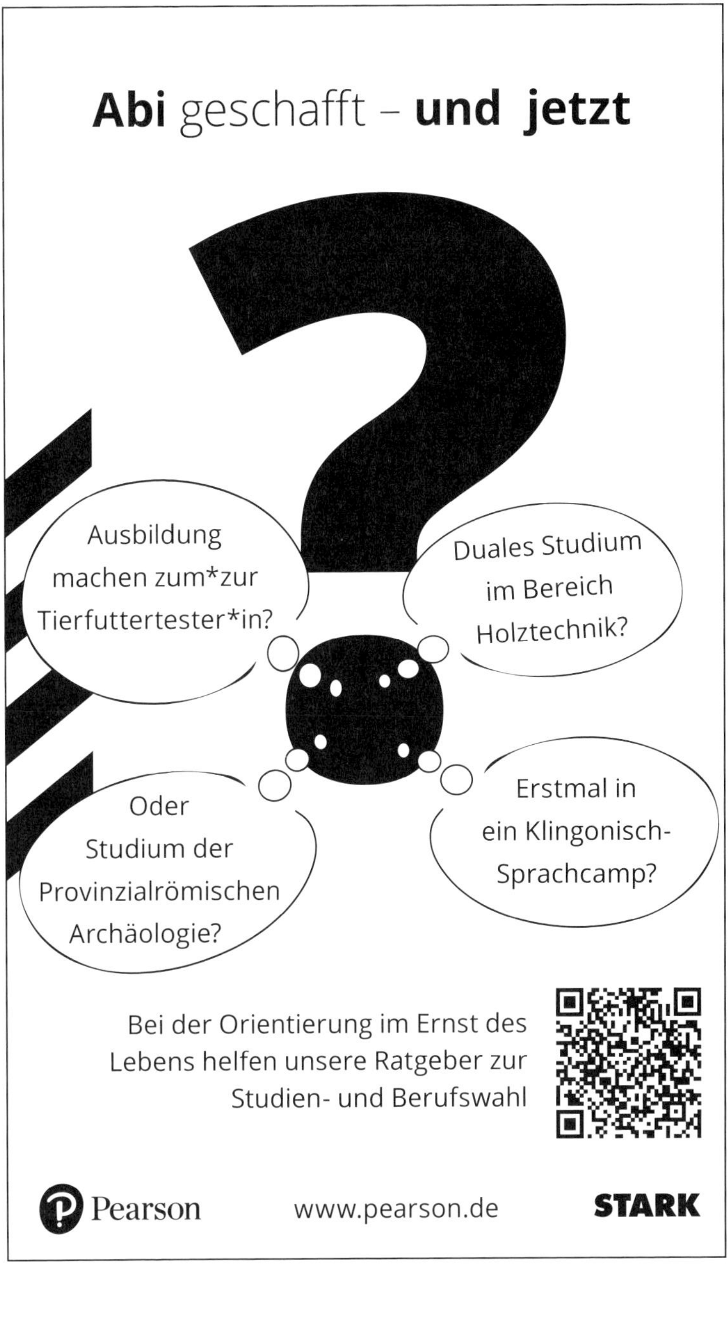
Abi geschafft – und jetzt
Ausbildung machen zum*zur Tierfuttertester*in?
Duales Studium im Bereich Holztechnik?
Oder Studium der Provinzialrömischen Archäologie?
Erstmal in ein Klingonisch-Sprachcamp?
Bei der Orientierung im Ernst des Lebens helfen unsere Ratgeber zur Studien- und Berufswahl
Pearson
www.pearson.de
STARK

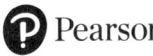